看取り犬 文福の奇跡

♂文福9～10歳（推定）

心が温かくなる15の掌編

若山三千彦

東邦出版

看取り犬・文福の奇跡　目次

著者の若山三千彦は、本書の舞台である特別養護老人ホームの理事長・施設長を務めているが、内部関係者としてではなく、第三者の立場をとり作家として執筆した。

文中の登場人物名は、一部を除き仮名。プライバシー保護のため細部に配慮している点をご了承のうえお読みください。

謝辞——本著の出版にあたり、ご協力頂いた横浜国立大学の安野舞子准教授に心より感謝致します。

プロローグ　〜文福の笑顔〜

うららかな春の昼下がり、リビングのテーブルを囲んでふたりの入居者が話し込んでいた。

「ほら、あそこ、もう桜が咲いているよ」

「え〜、いやだね。チラチラと季節外れの雪なんてね」

「えっ、雪？　雪が降っているの？　花冷えかしら。寒いわね〜」

「ああ、雪じゃないわ。桜吹雪かしら」

認知症のふたりは、微妙にずれているのか、かみあっているのか、よくわからない会話をして盛り上がっていた。

そのテーブルの空いている椅子に、ストンっと文福が飛び乗った。

文福は中型の柴犬系の雑種である。保健所から来た元保護犬であるため、野良犬出身の可能性もある。昔の日本の田舎なら、どこにでもいた雑種の野良のワンコみたいな、懐《なつ》かしい雰囲気を持っていた。俺も話に入れてくれよと言わんばかりに身を乗り出すのだが、自分の話に夢中になっているふたりの入居者はまるで気がつかない。

ねー、ねー、俺のことも構ってくれよ！

とうとう文福は、手を伸ばして、隣の席の入居者をツンツンしだした。

「あら～、文福ちゃん、可愛いね～」

途端に入居者の関心は、会話から文福に切り替わり、両手を伸ばして文福の頭や肩をワシャワシャと撫《な》でまわした。

「ワンッ」

文福は喜んで入居者の顔をなめ回す。

「～んーっっっ」

入居者が嬉しそうに悲鳴を上げる。文福も超嬉しそうだ。

こういうときの文福の顔は、本当に満面の笑みに見える。文福に会った全ての人が魅了される最高の笑顔だ。

＊　＊　＊

「ワフッ」

ユニットの玄関の扉が開く音を聞いて、文福は椅子から飛び降りた。

ワンッ、ワンッ、と元気に声を上げながら玄関に走っていく。その後ろを、文福と同じ保護犬出身・雑種の大喜《だいき》が続く。お爺《じい》ちゃん犬のミニチュアダックスフントのジロー翁《おう》も、喜び勇んでヨタヨタと走っていく。2の1ユニットの介護リーダー・坂田弘子が、車椅子の入居者と一緒に、入浴介助から戻ってきたのだ。

「よ〜し、皆、もう吠《ほ》えない」

坂田が指示をすると皆ぴたりと鳴き止んで、一斉にお座りをした。

「よし、皆、いい子だね。じゃあ、おやつをあげようか」

冷蔵庫のところで坂田が声を上げると、ワンコたちは皆、喜んで集まってきた。

ついさっきまで、入居者のベッドのなかでまどろんでいたトイプードルのココもいる。飼い主さんの部屋のなかで、扉をがりがりやって、出してよっ、とねだっていたヨーキー系のミックス犬のミックもいる。1年ほど前までは、超怖がりで、自分では飼い主さんの部屋から出ることもできなかったキャバリアのナナが、文福や大喜など大きなワンコを押しのけて、ちゃっかり先頭に座っている。

坂田が自家製の寒天を配ると、ワンコたちは大喜びでパクついた。健康のためになにも味がついていない寒天なのだが、文福もナナも皆それが大好きなのだ。

坂田が寒天の入ったタッパーを手にしてリビングを歩くと、6匹のワンコがぞろぞろとついていった。まるでハーメルンの笛吹き男のような光景だ。そして坂田が立ち止まると、ワンコたちが皆2本足で立ち上がった。今度はまるで、コントのような風景だった。

入居者たちは毎日その光景を見て、大声で笑っていた。

おやつをもらって満足した文福は、お昼寝をしていた入居者のベッドにボスっと飛び込んでいった。お腹《なか》を出してゴロゴロして、掛け布団をくしゃくしゃにしてしまう。そのおかげで起こされてしまった入居者は、怒《おこ》るどころか大喜びで文福を撫でていた。

底抜けに天真爛漫《てんしんらんまん》な文福は、入居者全員から愛されていた。文福のおかげで、ユニットはいつも笑顔にあふれていた。笑い声の中心にはいつも文福の笑顔があった。

本著は、神奈川県横須賀市にある特別養護老人ホーム『さくらの里山科《さとやましな》』で暮らす犬や猫と高齢者の絆が起こした小さな奇跡の物語である。

❖本書をお読みになる前に

本書の主な舞台である特別養護老人ホーム『さくらの里山科《さとやましな》』は、４階建て全１２０床（そのうち20床はショートステイ専用）で、完全個室制・ユニット型になっています。２～４階が居住フロアで、各フロアにユニットが４つずつあります（計12ユニット）。

１ユニットは、居室10室とリビング、キッチン、３カ所のトイレ、お風呂からできていますので、いわば10ＬＤＫのマンションです。

犬・猫と暮らせるのは２階にある４つのユニットです。

◉犬と暮らせる＝２の１と、２の２ユニット

◉猫と暮らせる＝２の３と２の４ユニット

犬ユニット、猫ユニットのなかでは犬、猫は完全に自由に暮らしています。入居者の部屋にもベッドにも好き勝手に入ります。ホームの庭はドッグランになっており、２階の犬ユニットから直接出入りできます。

２の１ユニットの犬たち

❶文福……保護犬出身。柴犬系の雑種。ホームの看板犬。愛嬌のあるオジサン顔。推定９～10歳。

❷大喜《だいき》……保護犬出身。柴犬系の雑種。２の１ユニットの犬たちのリーダー。クールなイケメン顔。推定10～12歳。

❸ジロー翁《おう》……高齢の飼い主さんが亡くなり遺《のこ》された犬。ミニチュアダックスフント。推定13〜14歳。目も耳も悪くなっているが、元気で食欲旺盛。

❹ナナ……入居者の渡辺優子さんの愛犬。キャバリアの女の子。7歳。最初は臆病だったが、いまはやんちゃなお姫様。

❺ココ……入居者の橋本雪代さんの愛犬。トイプードルの男の子。8歳。橋本さんを守る忠犬。

❻ミック……入居者の愛犬。ヨーキー系の雑種。7歳。笑顔がキュートな男の子。

2の2ユニットの犬たち

❼ルイ……保護犬出身。キャバリアとチワワの雑種と推測。推定10歳。2の2ユニットの最古参。

❽チロ……亡くなった伊藤大吉さんの愛犬。ポメラニアン。13歳。お爺《じい》ちゃんだがとってもキュートで皆から愛されている。

❾サンタ……入居者の愛犬。トイプードルの男の子。13歳。いい歳なのに、子犬のようにちょろちょろと走り回り、皆のアイドルに。

虹の橋にいる犬たち

⑩むっちゃん……福島の原発避難エリア、楢《なら》葉《は》町《まち》出身の被災犬。中型の白い雑種の男の子。

⑪アミ……亡くなった田中久夫さんの愛犬。ダルメシアンの女の子。

⑫アラシ……保護犬出身。小さめの白い雑種。

男の子。

⑬もえ……保護犬出身。柴犬系の雑種の女の子。ホームで最初に亡くなった犬。

⑭プーニャン……保護犬出身。気品のある美しい雑種。男の子。

⑮チコ……入居者の愛犬。ビーグル犬の男の子。ビーグルカラーが色あせてわからなくなるほどの老犬。

⑯チコ……⑮のチコとは別の入居者の愛犬。チワワの女の子。

2の3ユニットの猫たち

❶クロ……保護猫出身。美しい黒猫。女の子。12歳。ツンデレのお姫様。

❷アマ……保護猫出身。クロと同じ飼い主さんに飼われていた。11歳の男の子。おっとりしていて、人が大好き。クロ姫の弟なので「アマ王子」と呼ばれる。

❸お母さん……入居者の愛猫。飼い主さんはすでに亡くなって、ホームの子になる。犬、猫合わせて最長老の18歳。

❹チビ……お母さんの子供。11歳。飼い主さんが亡くなるまで、居室から出てこなかった幻の猫だった。

❺ムギ……2019年初めに入居。まだ幼くて、とっても可愛い子。

2の4ユニットの猫たち

❻祐介……入居者の後藤昌枝さんの愛猫。13歳の男の子。後藤さんを献身的に支える忠猫。

❼ナッキー（2世）……入居者の山口なつさんの愛猫。保護猫出身。14歳の男の子。先代ナッキーが亡くなったあと、山口さんの元にやってきた。
❽チョロ……亡くなった入居者の愛猫。飼い主さんが亡くなってから5年以上、ホームの子として暮らす。体重8kg。重量級の16歳の男の子。
❾かっちゃん……保護猫出身。6歳の男の子。真っ白な美しい猫。後ろ足が少し麻痺しているが、そんなことを気にせず飛び回っている。
❿タイガ……保護猫出身。11歳の男の子。ダークなトラ模様の美しい猫。右の前足が曲がってしまっているが、元気いっぱい、いつも走り回っている。

虹の橋にいる猫たち

⑪トラ……保護猫出身。奇跡の癒やし猫。ホームの看板猫だった。
⑫福美《ふくみ》……福島の原発避難エリアから救出された被災猫。
⑬キラ……保護猫出身。真っ白な美しい猫。トラの大親友。
⑭太郎……保護猫出身。とっても人懐《ひとなつ》っこく、抱っこが大好きだった。
⑮ナッキー（1世）……山口なつさんと一緒に入居した愛猫。

看取り犬・文福——奇跡の保護犬——

2の1ユニットのリーダー・坂田弘子が文福の不思議な能力に気がついたのは、ホームがオープンして2年近く経《た》ったころだった。

「なんだか文福は、今日はずーっと井上ヤスさんのお部屋の前にいますね」

介護職員どうしの何気ない会話が、坂田の脳裏《のうり》を刺激した。なにかが頭の隅《すみ》に引っかかっているのだが、思い出せない。

「ほんとね。なんだか項垂《うなだ》れていて、悲しそうな感じじゃない？」

え？　部屋の扉の前で項垂れている？

悲しそう？

それは確か……。

半年前のことを思い出していた。半年前に逝去《せいきょ》された一条さんの部屋の前でも、文福は悲しそうに項垂れていたではないか？　さらのその数カ月前に逝去された三春さんの部屋

の前でも……。
思い出す限り、これまでユニットの入居者が亡くなった場合は、文福はいつも部屋の扉の前で項垂れていた。悲しそうにしていた。
入居者が亡くなったあとのことではない。いつも、亡くなる直前のことだ。文福はいつも、入居者が逝去される2〜3日前に、部屋の扉にもたれかかるようにして、座っていたのだ。
心がざわめくのを感じた。続いて心の底から温かい気持ちがわき出してきた。もしかしたら文福には、入居者の最期が近いことがわかるのだろうか？　そして入居者を看取ろうとしているのだろうか？

坂田は、文福の行動を注意深く観察することにした。このときユニットは、入居者の井上ヤスさんの看取り介護体制に入っていて、大変忙しい状況だった。坂田にも余計なことをしている余裕などなかったが、なにしろ文福は看取り介護の対象である井上さんの居室の前にいるのだ。介護をする際には必ず目に入るので、少し意識しておくだけで、観察は可能だった。

文福は、そこから半日間、部屋の扉の前から動かなかった。ずっと悲しそうに項垂れていた。その様子を見て、職員のあいだにざわめきが広がった。これまで見過ごしていたが、明らかに文福の様子は普通ではない。文福の悲しみが感じ取れた。

半日が経過したとき、職員が井上さんの部屋に入ろうとすると文福がついてきた。それまでは、職員が何回も出入りしても扉の前から動かなかったのに。いや、そもそも文福は扉を自分で開けることができる。それなのに居室には入らなかったのに、なぜかこのときは一緒に入ってきたのだ。

部屋に入ると文福はベッドの脇《わき》に座り込んだ。座り込んで、じっと井上さんの顔を見つ

めていた。そのまま動こうとしなかった。

「文福、出ないの？」

もはや水を飲むこともできない井上さんの唇《くちびる》に、濡《ぬ》らしたガーゼを当てて湿らせ、少し顔を拭《ふ》いたのち、職員は部屋から出るときに声をかけた。しかし、文福は動こうとしなかった。ちらっと職員に訴えるような視線を投げかけたあと、すぐに井上さんに目を戻した。そのままひたすら見つめ続けた。

ベッド脇での文福の見守りは、やはり半日間続いた。

この段階になると、坂田の胸のなかには、確信に近い思いが生まれていた。文福は間違いなく、最期が近いことを察して見守っている。これまで可愛がってくれた井上さんに別れを告げようとしているのだろう。あるいは、井上さんがひとりで旅立つことがないよう、最期までそばにいるつもりなのかもしれない。

翌日、文福はベッドに上がると、井上さんの顔を慈《いつく》しむようになめた。井上さんの表情が緩《ゆる》む。ワンコユニットに入居を希望したのだから、井上さんも大の犬好きである。意識はなくても喜んでいるのだろう。

そこから文福は、ぴたりと寄り添った。離れるのは、トイレやご飯のときだけで、ずっと寄り添い続けた。

翌日、井上さんは穏やかに旅立たれた。文福は井上ヤスさんの最期を看取ったのだ。

＊　＊　＊

いつも元気いっぱいの文福は、その陽気さと、最高の笑顔が入居者に愛されている。普段は寂しそうな様子を見せることはないが、看取り介護の対象者に寄り添うときは切なそうな表情を浮かべる。

ユニットで、井上さんの次に入居者が逝去されたのは半年後のことだった。そのときも、まったく同じ行動をとっていた。逝去される3日前に、部屋の扉の前で項垂れていた。半日間扉の前にいたあと、部屋に入り、ベッドの脇に座って入居者を見守っていた。逝去される2日前にベッドに上がり、入居者の顔を慈しむようになめ、そこからはずっと寄り添っていた。

その次の方も、さらに次の方も、文福がベッドに上がり、顔をなめて、寄り添い始めてから2日以内に逝去された。

文福はただ単に入居者の最期を察知しているだけではない。明らかに入居者の最期に寄り添うという意思を持っていた。

坂田はこの文福の看取り活動を見るたびに、深い感動を覚えていた。

文福は保護犬、つまり保健所で殺処分予定だった犬である。死の寸前で、動物愛護団体の『ちばわん』に救われたのだ。

ちばわんと出会ったとき、文福は保健所の最終部屋にいた。最終部屋とは、殺処分の一日前の部屋である。壁一枚隔てた隣からは、命を奪われる犬たちの悲痛な声が聞こえてきた。

明日はもう生きられない。それを察知した文福の顔は暗くひきつっていた。その瞳には絶望の色が浮かんでいた。当時ちばわんが撮影した文福の顔は、現在の陽気な文福とは似ても似つかないものである。文福が感じていた恐怖と絶望は想像を絶するものだったろう。

そんな悲惨の体験をもつ文福が、今は献身的に高齢者を看取っているのだ。

かつて人間に捨てられ、命を失いかけたにもかかわらず、人間の最期を看取るために全力で尽してくれるとは。

文福の無垢で崇高な愛情に、坂田は胸が震えるのを感じていた。

いや、おそらく文福は、人に見捨てられ、一人ぼっちで死の淵に立っていたからこそ、死に向かい合う不安を理解しているのだろう。孤独に死ぬ辛さをわかっているのだろう。だから入居者を一人で旅立たせないよう、最後まで寄り添って、看取ろうとしているのかもしれない。死の恐怖に怯え絶望した体験が、看取り犬・文福の原点に違いない。

文福の看取り活動は、老人ホームで高齢者とペットが共生できることを、共生することに意義があることを、職員に確信させた。

＊　＊　＊

文福の看取り活動がもっとも輝いたのは、佐藤トキさんが逝去された際のことである。

佐藤さんは、ホームに入居した時点で重度の認知症だった。認知症の症状は色々あるが、佐藤さんは理解力や判断力の低下に伴い、感情の動きもなくなってしまうタイプだった。入居したときから暗く固まった顔をしており、その表情はほとんど変わることがなかった。身体機能は衰えていないので、家族が声をかければ反応し、指示に従ってご飯を食べたり、歩いたりすることはできるが、自分から自発的に動いたり、声を発することはほとんどなかった。もう家族の顔も名前もわからなくなっているとのことだった。

息子さんたちは、大の犬好きで長年犬を飼っていた母親が、犬と一緒にいられる老人ホームで暮らせば、いくらかはイキイキするのではと、一縷《いちる》の望みを『さくらの里山科《さとやましな》』に託したのだ。

そんな佐藤さんの顔に、ほんのわずかだが笑顔らしき表情が浮かんだのは、入居2日目のことだった。椅子に座っている佐藤さんの正面で文福が立ち上がって膝《ひざ》に抱きつき、食卓の下からにょきっと顔を出したのである。佐藤さんは、かすかだが間違いなく微笑《ほほえ》んでいた。

佐藤さんが自ら声を発し、腕を差し伸ばしたのは、入居5日目のことである。

「ポチや、ポチ」

文福はポチと呼ばれたにもかかわらず、尻尾《しっぽ》を振りながら駆け寄ってきた。ばふっ、と椅子の横から佐藤さんに抱きつき、頭をぐりぐりとこすりつけた。

「おお、ポチ、ポチ」

佐藤さんの顔に、今度は誰が見てもわかる笑いが浮かんだ。

入居から1週間後、面会に訪れた家族は、信じられない光景を目にすることになる。

「ポチや、ポチ。どこに行ってたのよ〜。探したのよ〜」

佐藤さんが顔をくしゃくしゃにして涙を流しながら文福を抱きしめていたのだ。

「母があんな顔をできるなんて信じられません。ここに入居させてよかったです」

息子さんは、うっすらと涙を浮かべながら、坂田に向かって深々と頭を下げた。

しかし、息子さんたちは1カ月後、さらに驚愕《きょうがく》することになる。

佐藤さんの状態は、日に日によくなっていった。2週間後には「ポチや、ポチ、どこにいるの?」と、文福を探してユニット内を歩き回るようになった。文福は、佐藤さんがポチやと声を出すと、すぐに駆け寄ってくる。それを佐藤さんはしっかりと抱きしめ、やさしく身体を撫《な》でていた。

ポチとはもちろん佐藤さんが昔飼っていた犬の名前である。息子さんたちがまだ幼いころ飼っていた犬だそうだ。文福と同じ柴犬系の雑種だが、文福よりはひと回り小さく、あまり似ていないと息子さんたちは言っていたが、佐藤さんは自分の愛犬のポチだと思い込んでいた。

しかし、驚くべきことに、3週間後には佐藤さんは「文福」としっかり呼びかけていた。いま、自分がお気に入りの犬は文福であると、現実が認識できたのだ。目覚ましい回復ぶりだった。

そして、入居1カ月後に息子さんたちが面会に訪れたときに奇跡が起きた。

「あら、幸一、来てくれたの？」

佐藤さんは澄んだ目で息子さんを見つめ、嬉しそうに名前を口にしたのである。なんと、顔と名前がわかったのだ。

信じられない事態に息子さんは絶句した。

認知症はまだそのメカニズムが解明されておらず、治療法も見つかっていない。治療薬は色々と研究されているが、そのほとんどが認知症の進行を予防するもので、回復させるものではない。認知症は現代の不治の病なのだ。もちろん、環境の変化や、周囲の働きかけ、音楽や手工芸などの様々な活動によって、一時的に症状が回復することはある。とはいえ、これほど劇的に回復することは、20年近く介護の仕事をしてきた坂田も見たことがなかった。

「お袋、俺のことがわかるの？」

息子さんは人目もはばからず号泣した。もう二度と母親とまともな会話をすることはできないと思っていたのだ。

それから約1年半のあいだ、佐藤さんは本当に幸せそうだった。

「私は犬が大好きで、子供のころからずっと飼っていたの。でも70を過ぎたときにあきらめてね。そこから10年以上、犬と暮らしていないの。とても寂しかったわ。こうしてまた犬と一緒に暮らせるなんて夢みたい」

また犬と一緒に暮らせるなんて夢みたい。それが口癖《くちぐせ》だった。文福を撫でながら、いつもそう言っていた。

佐藤さんのそばにはいつも文福がいた。もちろん文福は全ての入居者のそばにいる。分け隔《へだ》てなく入居者全員に甘えたり、じゃれついたりしているのだが、佐藤さんが文福を求めると必ずすぐそばに来た。

＊　　＊　　＊

佐藤さんの体力はゆっくりと衰えていった。取り戻した犬との絆、家族との絆は失われなかったが、認知症は進行し、色々なことができなくなっていった。とうとう、起き上がれなくなり、ベッド上で暮らすようになった。

「息子たちには悪いけれど、私は文福に看取ってもらいたいの」

寝たきり状態になっても、佐藤さんはいたずらっぽく笑っていた。そのベッドに文福はよく潜り込んできた。まだ看取り活動を行っているのではない。普通に佐藤さんに甘えていた。

「ほら、文福、おいで〜」

寝ている佐藤さんの肩に頭をこすりつけてくる文福を抱きしめる光景は、とても微笑ましいものだった。職員たちはその光景を見るたびに笑い声を上げていた、うっすらと涙を

浮かべながら。

　そして、ついに文福が部屋の扉の前で項垂れるときが来た。それまで自由に出入りしていたのに、けっして部屋には入らなかった。悲しそうにずっと項垂れている。

　半日後、文福はゆっくりと部屋に入るとベッドの脇に座り、じっと佐藤さんの顔を見つめた。それまではしょっちゅうベッドに上がり込んでいたのに、けっして上がらなかった。

　翌日、文福はそっとベッドに上がると、佐藤さんの顔を慈しむようになめた。

「ありがとう、文福」

　かすかに佐藤さんの唇が動いた。ごくご

くかすかだが、口元には微笑みが浮かんでいた。もう話はほとんどできなくなっていたのだが、間違いなく佐藤さんはそう呟《つぶや》いた。

そして、息子さんたちに見守られながら穏やかに旅立った。その枕元には文福が寄り添っていて、ひたむきに見つめていた。佐藤さんは希望どおり、文福に看取られたのだ。

佐藤トキさんが入居してから逝去されるまでの日々は、奇跡的な出来事として、いまでも職員の記憶に残っている。

※『さくらの里山科』では、１００名の入居者のうち、年間30名以上が逝去されます。これは、重度の状態の高齢者が入居する特別養護老人ホームとしてはごく標準的な数字です。入居者１００名が10名のユニットに分かれて暮らしているので、ひとつのユニットでは平均して年間３名前後が逝去されます。そして逝去される入居者の大部分が、ホームでの看取りを希望していました。看取り介護は、医師から余命いくばくもないターミナル（終末期）状態であると宣告されたときに始まります。30分〜1時間おきに対象者の居室を職員が訪れ、安否を確認し、身体を拭く、唇を湿らせるなどの介護をします。通常に比べて職員が行う介護業務は大幅に増えるので、看取り介護体制に入ると、ユニットの介護職員は大変忙しくなります。

第❷話

文福を信じて思い出の港へ

初夏の眩《まばゆ》い光が波に反射して、キラキラ輝いていた。漁港特有の強い潮の香りが、幼い日に父に連れてきてもらった思い出を呼び起こす。高橋裕子さんは、背筋を伸ばして、全身で潮風を感じていた。きっと父も同じ潮風を感じ取っているに違いない。

「お父さん、よかったね。来れたよ」

高橋さんは、車椅子の父にやさしく声をかけた。

高橋さんの父、鈴木吉弘さんは、余命1週間くらいと宣告されてから、2週間が過ぎていた。もう自分で動くことはできず、目を開けることもない。それでも高橋さんは、父の表情が明るくなったのを確かに感じていた。

目を開くことがなくても、意識がなくとも、お父さんは、懐《なつ》かしい漁港に来たことを感じているに違いない。思い出の漁港にいることを喜んでいるに違いない。高橋さんの目から温かい涙があふれた。

* * *

「鈴木さんと一緒に、佐島《さじま》漁港に行ってみませんか？」

鈴木さんが暮らすユニットのリーダー・坂田弘子から、思いもよらない言葉をかけられたのは、1週間前のことである。

高橋さんは最初、坂田がなにを言っているのか、訳がわからなかったという。

高橋さんの父、鈴木さんは、余命1週間程度の宣告を受け、ターミナル医療（終末期医療）の段階に入っていた。普通に考えれば、外出などできる訳がなかった。

鈴木さんは5月の初めにほぼ意識がない、昏睡《こんすい》状態になっていた。かろうじて、ミキサー食（ミキサーですり潰し、流動状態にした食事）を食べることはできていたが、食べられる量は日に日に減っていた。食べること、そして水分摂取ができなくなったときが命が尽きるときである。残された時間は短いと職員たちは感じていた。

昏睡状態のなかで鈴木さんはうわごとで、「佐島」と呟《つぶや》いていた。佐島とは、ホームから車で15分ほどの海際の地域である。佐島漁港は近海漁業で知られており、佐島で水揚げされた朝獲れの魚といえば、東京の寿司屋で出されるほどの人気だ。

鈴木さんはその佐島漁港で漁師として長年働いていたのだ。鈴木さんが働いていた体験や佐島の海の美しさを本当に嬉しそうに語るのを職員は皆、何回も聞いていた。だから職員は、昏睡状態でも「佐島」と呟く気持ちがよくわかった。人生の旅の終着点が迫った状況で、自分がもっともイキイキと働いていたときに思いをはせているのだろう。鈴木さんの呟きを聞いて涙ぐむ職員も少なくなかった。

「鈴木さんを佐島漁港にお連れできないかな？」

坂田がとんでもない提案をしたのは、5月中旬に開かれたユニット職員会議のときである。ホームドクター（配置医）から鈴木さんに、余命1週間程度の宣告が出されたことを受けて、看取り介護体制を検討するための会議だった。

この体調で外出などあり得ない！

たちまち会議は喧々囂々《けんけんごうごう》と紛糾《ふんきゅう》した。

外出先で体調が急変したらどうするのか？

移動中に亡くなったらどうするのか？

なにかあったら家族から訴えられるかもしれない。

そもそも鈴木さんの意思が確認できない。

鈴木さんが佐島漁港に行きたいと思っているかわからない。

最初はすべての職員が反対だった。

でも……。

どの職員も、心の底では、鈴木さんを佐島漁港に連れていきたいと思っていた。

「普通のときならこの体調で外出するのはあり得ません。でも、ターミナル状態なら、ご本人の希望をかなえるほうが大切かもしれません」

ひとりの職員が発言すると、議論の方向性が変わった。

確かに、ターミナル状態での看取り介護のときは、もはや身体にいいか悪いかを考えることは意味がない。それよりも本人の望みをかなえることのほうが大切なのだ。例えば糖尿病で甘い物の制限がある入居者に好きなアンパンを食べてもらうなど、普通ではあり得ないことも行う場合がある。本人の希望にできるだけ添って、「その人らしい最期」を迎えることを目指すのだ。見取り介護の一環として考えれば、そして鈴木さんが望んでいるなら、この体調でも佐島漁港に連れていくことはありかもしれない。

次に問題となったのが、肝心の鈴木さん自身の意思がわからない、ということである。果たして、佐島漁港に行きたいと思っているのだろうか？

だが、その点については、大勢の職員が自信を持っていた。もし話せたら、佐島漁港に行きたいと言うに違いない。

そもそも、本人が自分で言えない気持ちを汲《く》み取るのが、介護の本質である。入居者のなかには、認知症のため自分の希望が言えない、あるいはそもそも自分の気持ちがわからない、という方も多い。また、認知症ではなくても、家族への気遣《きづか》いや職員への遠慮などのため、本心を言わない方も多い。だから職員は、言葉に表れない入居者の気持ちを推測する必要があるのだ。「佐島」「佐島漁港」とうわごとを繰り返す鈴木さんの気持ちを汲み取るのは、自然なことだった。命が尽きる前に、最後に思い出の佐島漁港を見せてあげよう。それこそが、自分たちが目指す「その人らしい最期」を迎えるための看取り介護ではないか。

「でも、鈴木さんのいまの状態は、いつお亡くなりになったって不思議ありません。今日亡くなることも十分あり得ます。気をつけて外出して、外出自体にはなにも無理がなくても、途中で亡くなってしまう可能性がありますよね。それでも行っていいんでしょうか？」

ひとりの職員が懸念を表明した。結局のところ、この恐れが根本にあるのだ。この意見が出てくると、議論は堂々巡りをしてしまう。

やっぱり文福のことを言ったほうがいいのかな？

坂田は迷っていた。実は坂田が、外出できるかもしれないと考えた理由のひとつに、文福の看取り活動があるのだ。内心ためらいながら、恐る恐る口を開いた。

「文福が看取り活動を始めていなかったら、外出をするというのはどうかな？」

「えっ…!?」

職員たちがポカリと口を開いた。

「だから、外出予定日にまだ文福が看取り活動をしていなかったら、実施するというのはどうかな？」

坂田はひとりひとりの職員の目を見つめながら話を続けた。

「文福はたぶん、ご入居者様の匂いとか様子とかから、最期が近いことを察知していると思うの。だから、看取り活動が始まっていなかったら、その日はまだ亡くなるような体調じゃないんじゃないかな」

「あ……、それはそうかも」

「確かに」

職員たちがぱらぱらと頷《うなず》いた。ユニットの職員たちは皆、文福の看取り活動をよくわかっている。

「もちろん、どんなに気をつけても、外出自体が鈴木さんの体力に負担をかけるから、文福が看取り活動をしていなくても、お亡くなりになることはあり得ると思う。でも、そのリスクは0にはならなくても、私たちの努力で減らせるものだよね。それならば、鈴木さんを思い出の地にお連れする価値のほうが上じゃないかな」

今後こそ全職員が一斉に、力強く頷いた。

こうして気持ちがひとつになった。

とはいえ、組織としてのリスク管理上、様々な問題を伴うことである。坂田はすぐにホームの看護師部門に相談した。幸いに、ホームの理念をよくわかっている看護主任は、外出を承諾し、協力を約束してくれた。次に理事長の元に直談判《じかだんぱん》に行った。理事長は、介護職員が2名付き添うこと、看護師が同行すること、家族も同行することを条件に許可を出した。そこで坂田は、鈴木さんの娘さんの高橋さんに電話をしたのだ。

予想もしていなかった坂田の話に、高橋さんは最初はびっくりしたものの、次の瞬間、心の奥底からじわじわと嬉しさがこみ上げてくるのを感じていた。あの思い出の佐島漁港にもう一度、お父さんと一緒に行けるのだ。それは自分でも驚くほどに強い歓喜の思いだった。

高橋さんにとっても、佐島漁港は思い出の地だった。幼いころは何回も父に連れていってもらったものだ。獲れたてのピチピチ跳ねるイワシが銀色に煌《きら》めくのを見て、キャッキャッと喜んだのを、昨日《きのう》のことのように覚えている。当時の父親は逞《たくま》しく、真っ黒に日焼けした肌から潮の香りが感じられたものだ。あの佐島漁港にもう一度、お父さんと行ける。

「ありがとうございます。そんなことまでしてもらえるとは思ってもいませんでした」

答える高橋さんの目にはうっすらと涙が浮かんでいた。

佐島漁港への最後の外出。その実施日は5月27日に決まった。5月27日は、鈴木さんの亡くなった奥様の命日である。当然、奥様も佐島漁港を訪れたことは数え切れないほどある。命日に思い出の地を訪ねる最後の外出。高橋さんと職員たちの思いが詰まった企画となった。

5月27日朝9時、鈴木さんの体調は安定していた。血圧は上の数値が123、下が74、脈拍は72。ともに標準値である。体温は37・0℃と微熱があり、血中酸素濃度は82％でかなり低いが、それらは現在の鈴木さんにとっては普通の状態であり、とくに悪い訳ではない。体調的には問題がなかった。

幸い天気も穏やかな晴天だった。

もちろん介護職員も看護師も準備万端である。

高橋さんに電話をして、最終意思確認をしたが、高橋さんの気持ちも変わらなかった。すぐにホームに来るとのことだった。

実はこの段階で、坂田の胸のなかには、ある確信があった。今日の鈴木さんの状態は、まだ最期は迫っていないはずである。

その根拠は、もちろん文福である。文福がまだ部屋の扉の前で控えていない。看取り活動はとっていないのだ。

文福は、超能力で入居者が亡くなることを予言しているのではない。人間には感じ取れないなにかにより（恐らくは嗅覚で）、入居者が逝去される兆候を感じ取っていると思われる。だから鈴木さんが車で揺られて移動することで急激に体調が悪化する可能性を文福が予想することはできない。あくまで、鈴木さんが部屋で寝ているならば、今日は亡くなる状態ではないということである。

それでも、それは坂田の背中を押してくれる材料となった。文福はまるで、全てを理解しているかのように、鈴木さんの部屋で準備をする坂田の周りを跳ね回り、ベッドに飛び乗ると、鈴木さんに向かってワンっと勢いよく声をかけた。そして、キラキラ輝く目で見つめてきた。「今日は大丈夫。お爺《じい》ちゃんを連れていってあげて」と言ってくれたように思えた。

高橋さんがホームに到着し、ついに鈴木さんを囲むキャラバン隊が出発した。

鈴木さんはフルリクライニング型の車椅子に乗っている。この車椅子は、座面も、頭より高い背もたれも、分厚いクッションで覆われている。高い背もたれをフルリクライニングすると、足載せも持ち上がり、もはや車椅子というよりも、移動式簡易ベッドのように見える。その車椅子に横たわったまま、鈴木さんは専用リフト（簡易エレベーターのようなもの）のついた福祉車両に乗車した。

幸い車のなかで鈴木さんの体調が悪化することはなく、無事佐島漁港に到着した。ついに鈴木さんは、その人生の大部分を過ごした思い出の地、佐島漁港に来られたのである。

高橋さんは車椅子の父親に寄り添って、心地よい潮風を浴びていた。

5月はまだ海の色は淡い。そのうえを真っ白なカモメがゆったりと舞っていた。

「お父さん、よかったね、来られたよ」

防波堤に目を向けると、幼い自分と、逞しい父が走っている姿が見えるような気がした。

鈴木さんは目を閉じたままである。おそらく意識もないのだろう。それでも高橋さんの目には、父親の顔が穏やかになり、ほんのわずかだが、口元に微笑《ほほえ》みが浮かぶのがはっきりと見えていた。

間違いない。お父さんは佐島漁港に来れたことがわかっている。佐島漁港に来れて喜んでいる。

「もしかしてヨシさんか？　ヨシさんじゃないか？」

網の手入れをしていた漁師さんが声をかけてきた。目を丸くして駆け寄ってくる。

「いやー、懐かしいな、ヨシさん。10年ぶりか」

その漁師さんはかつて鈴木さんと一緒に働いていた。思いもかけない素晴らしい邂逅《かいこう》だった。

鈴木さんの微笑みがさらに深まるのを、坂田も感じ取っていた。

やっぱりここにお連れしてよかった。

鈴木さんと高橋さん、父と娘が寄り添う幸せな姿を見守っているうちに、とうとう坂田の目から涙があふれた。坂田だけではない。もうひとりの介護職員も、看護師も、偶然出会った漁師さんも、皆が涙を流していた。

無事ホームに戻ってきた鈴木さんの血圧は上が126、下が74。脈拍は77。体温は36・8℃。血中酸素濃度は94％。血圧と脈拍は安定しており、体温はわずかだが下がって久しぶりに平熱になっていた。血中酸素濃度に至っては大幅に向上していた。無謀だと思われたターミナル状態での外出は、体調を悪化させるどころか、回復させたのである。人の身体の持つ底力に看護師は驚いていた。

「文福、ありがとうね。おかげで鈴木さん喜んでいたよ」

坂田は、影の功労者である文福をたっぷりと撫《な》でて、お礼を言った。文福は無事帰ってきた鈴木さんのベッドに上がり込み、身体をこすりつけて甘えていた。

佐島漁港に行ってから2日後の5月29日、鈴木さんは食べ物も水分も受け付けなくなった。

5月31日の朝、ついに文福が部屋の扉の前に控え始めた。看取り活動の始まりである。その日の夜には、部屋に入り、ベッドの横に座って、静かに鈴木さんを見守るようになった。

6月1日になると、文福はベッドに上がり、ぴたりと寄り添った。

夜、鈴木吉弘さんは大勢の家族に見守られながら、静かに旅立った。とても穏やかな顔だった。

後日、坂田の元に高橋さんから手紙が届いた。

「なによりも佐島に連れていっていただき、本当にありがとうございました。父も喜んでいたと思いますが、私自身にとっても心に残るよい思い出になりました。感謝でいっぱいです」

この手紙は職員に大きな力を与えてくれた。

鈴木さんの看取り介護を振り返った反省会で、坂田と一緒に佐島漁港に付き添った介護職員は述べた。

「潮風が当たったときの鈴木様の反応を目《ま》の当たりにすると、お部屋とはまったく違った様子だったので、外出が実現してよかったと心の底から思いました。私自身の祖母も体調が悪いのですが、無理をしてでも、生まれ故郷に連れていってあげたいなと思いました」

まさに家族と職員全員が、そして文福も一体となって実現した看取り介護だった。

第❸話 ラッタッタでGO！

鈴木吉弘さんと娘さんの佐島漁港への外出を始めとする外出行事の豊富さと多彩さは、ホームの大きな特徴である。高齢になって、介護が必要になって、特別養護老人ホームに入っても、旅行をする権利はある。ペットを飼う権利はある。ついでに美味《おい》しい物を食べる権利もある。これが理念なので、ホームでは非常にユニークな外出行事を多々実施している。

「私は昔ね、ラッタッタで毎日、三浦海岸を走っていたのよ」

それが小林久子さんの口癖《くちぐせ》だった。ラッタッタとは、昭和50年代に発売されたホンダの原動機付自転車『ロードパル』の愛称。爆発的な人気で、コマーシャルで使われた「ラッタッタ」というフレーズが、そのまま原付オートバイの代名詞になったほどである。

「三浦海岸のレストランで働いていてね。毎日ラッタッタで三浦海岸を通ったのよ」

この話をするときの小林さんは実に楽しそうである。

「夏はね、真っ白な雲と青い海が本当に綺麗《きれい》でね。浜辺をラッタッタで走るのは気持ちよかったのよ」

小林さんが暮らす3の2ユニットのリーダー・斉木さやかは、この話を聞くのが大好きだ。楽しそうに語る顔がとても素敵だからだ。

「死ぬ前にもう一度だけ、ラッタッタで三浦海岸を走ってみたいね」

少し切なそうに小林さんは何回も話していた。

願いをかなえてあげたい。だが、それは不可能なことだった。斉木はため息をついた。

小林さんは脳梗塞《のうこうそく》の後遺症で、右半身に少し麻痺が残っている。わずかの麻痺だが、利《き》き手が使えないことは、日常生活にけっこう支障をきたしていた。自分で歩くことはできるが、杖《つえ》が必要だった。その状態で原付が運転できる訳もない。もちろん免許もとっくの昔に返納していた。

しかし斉木はあきらめなかった。小林さんの希望をかなえるために奇抜な方法を思いついて、見事に実現したのだ。

*　*　*

「ああ、お兄ちゃんが走っている。お兄ちゃんがラッタッタで走っている」

小林さんが、車の窓から身を乗り出して、原付で走る職員を指さした。窓の外には、白い砂浜と青い海がどこまでも続いている。その海岸線を原付は軽快に走っていた。

「そうでしょ。小林さん、内藤さんがラッタッタで走っているのよ！」

斉木が思いついた方法、それは、小林さんを車に乗せてドライブして、その横を介護職員の内藤輝彦が原付で並走する、というものだった。

「私も、昔ああやって、ここを走っていたのよね」

嬉しそうだった。自分がラッタッタを運転していなくても、十分昔の思い出が甦《よみがえ》ってきたようだった。

介護用のワゴン車と原付は、海辺のワインディングロードを寄り添うように走っていた。

斉木のアイデアはこれだけではなかった。到着した三浦海岸の駐車場で、もうひとつのサプライズを用意していたのだ。

駐車場には小林さんの家族が待っていた。娘さんもお孫さんも一緒である。車から降りたら大好きな家族に囲まれてとっても幸せそうだった。

そして、斉木は小林さんを介助して、ラッタッタの席に座らせたのである。小林さんは大はしゃぎしていた。

「そうそう！　こうやって運転していたのよ！」

しっかりとハンドルの握ってポーズを取っていた。その両脇を娘さんとお孫さんが支えている。

思い出の地、三浦海岸で、昔と同じようにラッタッタに座ってハンドルを握り、大好きな家族に囲まれている。これ以上幸せなことはなかった。

「また、こうやって三浦海岸に来られるなんて。ラッタッタに乗れるなんて。本当に夢みたいだね」

いつまでもハンドルを離さなかった。その姿を見て家族も微笑《ほほえ》んでいた、涙を流しながら。

小林さんがぐらりとしたらいつでも支えられるように身構えながら、少しだけ距離を置いて見守っていた斉木と内藤の目にもうっすら涙が浮かんでいた。

＊　＊　＊

斉木と内藤はホームの名物コンビだった。ふたりでほかの職員が驚くような様々な外出行事やイベントを成功させていた。

入居者を内藤がおぶって、50段の階段を上ったこともある。入居者がホームに引っ越すまで暮らしていた家を訪れるためである。やはり、死ぬ前にもう一度家に帰りたいという希望をかなえるための外出行事だった。

しかし、この入居者の家は山の上にあったのだ。山が多い横須賀では珍しいことではない。そのため内藤がおんぶして階段を上がることにしたのだ。

「お兄ちゃん、すまないね」

「はーはーはー、だ、い、じょ、う、ぶ、ですよ」

背中から入居者が気遣《きづか》ってくれるのに対して、内藤は肩で息をつきながら精いっぱいの笑顔で答えた。

見下ろせば、山肌に張り付くように家が建っていて、そのあいだをつづら折りの細い階段が結んでいる。その下には港町が広がり、海にはアメリカ海軍の軍艦が浮かんでいる。宮崎駿のアニメに登場しそうな絶景だが、内藤には景色を楽しんでいる余裕はなかった。

必死に階段を上っていく。その後ろでは斉木が入居者のお尻を押していた。

もちろんふたりの苦労は最高の形で報われた。懐《なつ》かしい我が家に帰ることができた入居者は感激して号泣したのだ。その姿を見て、おんぶして階段を上る苦労など吹き飛んでしまったふたりである。

＊　＊　＊

特別な外出行事を行っているのはこのふたりだけではない。3の3ユニットのリーダー・武田美由紀は、かなり状態が悪い入居者を川崎大師に連れていったことがある。川崎大師は、ホームから車で1時間ほど。横須賀市民の多くが、何回も訪れた経験がある観光名所である。かつて毎年家族と一緒に行っていたという入居者が、もう一度だけ川崎大師を見たいという希望をかなえるための行事だった。

当初はとても1時間のドライブに耐えられる体調ではなかったため、本人にも川崎大師に行けるようになるという目的を持ってもらい、そのためにしっかり食事をとり、リハビリし、体調を向上させるため頑張ってもらった。楽しい目的ができ、頑張った結果、半年後に体調は安定し、初詣が実現した。

ホームが外出行事を積極的に行うようになったのは、いまから15年前に起きた出来事がきっかけである。

それは突然だった。それまで上機嫌で歩いていた吉田梅代さんが、いきなり泣き出したのだ。それも大粒の涙を流し、声を上げながら……。一緒に歩いていた職員も、入居者もビックリ仰天してしまった。

引率職員のサブリーダーを務めていた馬堀響子はおろおろして、吉田さんの顔を覗《のぞ》き込んだ。吉田さんは激しく泣きじゃくっている。

「…生きているうちに…もう一度…浅草を見られると…思わなかった。…嬉しい！」

嗚咽《おえつ》の合間に切れ切れに声が聞こえてきた。

＊　＊　＊

「たまには浅草なんかにも行ってみたいね～」

「ああ、浅草、懐《なつ》かしいね～」

パート介護職員の馬堀は、デイサービスを利用している高齢者どうしの何気ないやりとりを耳にして、理事長に観光バス旅行を提案してみた。馬堀の思い付きはすぐに採用され、車椅子のまま昇降できるエレベーター（車椅子リフト）付きの観光バスがチャーターされた。25名の高齢者と、17名の職員・ボランティアが参加し、総勢42名の一大介護ツアーとなった。

東京タワー、国会議事堂と、昔ながらの東京名所を巡り、深川の老舗《しにせ》天ぷら屋で昼食をとり、いよいよハイライトの浅草散策となった。駐車場から全員で雷門《かみなりもん》の前に移動したとき、冒頭の事件が起きた。

吉田梅代さんが雷門を見るなり、泣き出してしまったのだ。大きな声を上げて、まさに号泣していた。

「…私は！　…私は！…、ここで…生まれたの！」

泣き声の合間に切れ切れに聞こえる言葉により、周りに集まった職員たちにもやっと事情がわかってきた。

「…もう…何十年も来られなくて…、死ぬまでに…もう一度…浅草が見られるなんて…思ってもいなかった！」

大粒の涙をぼろぼろとこぼしながら、悲鳴のような声を上げた。

「…吉田さん…」

事情がわかった馬堀も、背筋が震えるような感動を覚えていた。思わず吉田さんに抱きつくようにして泣いてしまった。馬堀だけではない、周囲に集まっていた職員たちは皆、泣いていた。

それは異様な光景だったかもしれない。車椅子に座る高齢者を中心に集まった、揃《そろ》いの制服を着た大勢の職員たちが皆して泣いているのだから。

吉田梅代さんは、浅草で生まれ、小学校を出るまで浅草で育ったという。その後、一家で横須賀に引っ越し、そのまま横須賀で結婚し、横須賀で過ごしてきた。高齢者福祉施設では、サービスの利用者がそれまでどのような生活をしてきたか、かなり詳しくヒアリング調査をするのだが、横須賀出身で、横須賀で結婚と聞いたため、子供のころに浅草にいたことまではわからなかったのだ。

吉田さんは70代前半までは、年に何回か浅草に遊びに行っていたが、車椅子を使うようになってからは、行けなくなっていた。以来10年以上、行けないでいた。もう二度と浅草は見られないものとあきらめていたという。

でも、浅草なんて電車でたった1時間ぐらいで行けるのに、それをあきらめなければいけないなんて。あきらめて10年以上も過ごさなければいけないなんて。

馬堀は、自分もやがてそうなるのかと考えたらぞっとしてしまった。デイサービスに来ている方のなかに、「早くお迎えが来ないかね〜」と口にする方は少なくない。これまで馬堀は、それは高齢者特有の一種の冗談や愚痴《ぐち》みたいなものだと思っていたが、そうではなかったのだ。高齢者はあきらめと絶望感から、本気で早く死にたいと言っていたのだ。

人は誰でも高齢になる。高齢になれば、身体が不自由になったり、認知症になったりして、それまで当たり前のようにできていたことができなくなる。色々なことができなくなり、色々なことをあきらめなくてはならなくなる。

それならば、老人福祉の役割とは、高齢者があきらめていることを、もう一度できるようサポートすることではないか。本人ができない部分を介助して、できるようにすることではないか。旅行に行くことをあきらめている人には、職員が介護して一緒に旅行に行こう。買い物をあきらめている人には、職員が介護して買い物をしよう。美味しいものをあきらめている人には、職員が食事介助して美味しいものを食べてもらおう。高齢者が最後まで人生を楽しめるよう支えていこう。これが「あきらめない福祉」という理念である。

その理念を決定づけた、もうひとつの出来事がある。

それは雷門号泣事件の半年後に起きた、居酒屋男泣き事件である。

居酒屋号泣事件は皆で夜に居酒屋に行くという、当時のデイサービスとしては前代未聞のイベントを開催したときに起きた。

焼き鳥の皿を前に、ビールの中ジョッキを手にした松本義男さんが、真っ赤な顔をして、ワナワナと震えていた。

「松本さん、どうしたんですか？」

このときも引率をしていた馬堀は、なにか気に入らないことがあったかと思い、慌てて駆け寄った。軽度の認知症がある松本さんは、普段からちょっとしたことでも激高してしまう。しかも、脳梗塞の影響で軽い半身麻痺があるため、身体が思うように動かず、いつもイライラしている。対応にはかなり気を遣わなければいけなかった。

「大丈夫ですか？　なにか気に入らないことがありましたか？」

顔を真っ赤にして震えている松本さんに馬堀は恐る恐る声をかけた。男性には独自の宴会文化がある。なにか宴会マナーに反することをしてしまったのだろうか？　それなら松本さんの怒りが爆発してしまうかもしれない。

「嬉しい！」

松本さんは、腹の底から絞り出すようにして大声を上げた。

手にしていた中ジョッキのビールをごくごくと飲むと、ドンっとテーブルに置いた。

「嬉しい！」

もう一度大声を出すと、ボロボロと大粒の涙を流した。声を出して男泣きしながら、ゴクゴクとビールを煽《あお》っていた。

「次！　熱燗《あつかん》つけてくれ！」

オイオイと男泣きしながら、焼き鳥をほおばり、熱燗を注文する。

泣いているんだか、喜んでいるんだか、食べているんだか。

なんだか馬堀はおかしくなってしまった。

盛大にお酒を飲み、肴《さかな》を食べながら、松本さんは話してくれた。

松本さんは、定年退職後、間もなく脳梗塞になってしまったので、夜の宴席に行く機会がまったくなくなってしまって、20年以上が経《た》ったのだという。会社勤めの時代には、毎日のように飲み歩いていたのだが、もうそのような店に行く機会は二度とないとあきらめていたそうである。そのあきらめていた懐かしい居酒屋にもう一度来ることができたので、感極まって男泣きしてしまったのだ。

「松本さん、今日はいっぱい飲んでくださいね」

馬堀は嬉しくなって、お猪口《ちょこ》に熱燗を注《つ》いだ。もちろん、看護師が判断した飲酒許容量を超えないよう注意し、後半はこっそりノンアルコールビールに切り替えたのだが。

このふたつの出来事は馬堀の人生を変えることになった。当時はパート職員だったが、介護の奥深さとやりがいに目覚め、子供が中学生になったときに正職員になり、現在はデイサービス部門の責任者を務めている。

第4話

犬と人、いつまでも寄り添って

「俺はアミに命を救われたんんだ。アミは命の恩人なんだよ」

田中久夫さんは車椅子から身をかがめて、愛犬のダルメシアン、白と黒の斑模様《ぶちもよう》が美しいアミちゃんを抱きしめた。その仲睦《なかむつ》まじい様子に、介護職員たちは目を細めて笑っていた。

田中さんは、『さくらの里山科《さとやましな》』に愛犬と一緒に入居した最初の入居者である。ホームに入居する前、ひとり暮らしだった田中さんは、愛犬のアミちゃんと寄り添うように暮らしていた。と書いてしまうと、なにか牧歌的な、ほのぼのとした光景を想像してしまうが、実態はそんなものではなかった。田中さんとアミちゃんは互いに支え合いながら、必死に生き延びていたのだ。もし、ペットと一緒に入居できる老人ホームがオープンしなかったら、ふたり（ひとりと1匹）の命は失われていたかもしれない。

＊　＊　＊

「帰れー‼　アミを置いてどこにも行くもんかー！」

怒声《どせい》を浴びせられ、横須賀市の職員は困惑していた。

部屋の真んなかで、田中さんがアミちゃんを抱きしめながら、怒りのあまり震えていた。

はあー、今日も説得できなかったか。職員はため息をつきながら、テーブルに置きっぱなしになっていた、塩ビのパックを回収しようとした。近所の人が差し入れた食事が入っていたものだ。

「あ〜あ、すぐ怒鳴るんだから。市の人だって心配してくれているんだから、そんなに怒《おこ》るんじゃないよ」

惣菜《そうざい》の入った容器を手にして入ってきた女性が、職員の手から塩ビパックを受け取った。そのまま周囲のゴミを手早くまとめていく。

この女性は近所の惣菜屋さんのおかみさんである。認知症が進行し、もはや自分では料理も洗濯も掃除もできなくなった田中さんのために、近所の人たちがこうして、毎日交代で惣菜や弁当を持ってくるのだ。

田中さんが暮らす家は、小さな駅の近くの小さな商店街の一角にある。横須賀市は人口

40万人弱、中核都市にも指定されているそれなりに大きな都市なのだが、昔ながらの商店街や住宅地には、「ご近所さん」が支え合う人情が残っている。田中さんとアミちゃんの命は、そのようなご近所さんの人情によってかろうじて支えられていたのだ。

「ほら、アミやぁ、お食べ」

田中さんは先ほどの怒声が嘘《うそ》のようなやさしい声でアミちゃんに声をかけ、差し入れてもらった惣菜を差し出した。もちろんアミちゃんは大喜びで食べる。実は田中さんはいつも、もらった惣菜や弁当をまずアミちゃんに食べさせるのだ。そしてアミちゃんが7割ほど食べて、食べる勢いが収まったころ合いを見て惣菜を取り上げて、自分が食べるようにしていた。ただし、認知症の田中さんの行動は一定ではないうえに、食べることを忘れていることもあるので、アミちゃんに全部食べさせてしまうことも少なくなかった。

ご近所さんも、アミちゃんが食べることをわかっていて、多めの惣菜を差し入れるのだが、こんな状況では栄養状態はいい訳なかった。

それだけではない。ゴミ出しも自力ではできない。ご近所さんがある程度は持っていってくれるとはいえ、部屋のあちらこちらに空き缶やビニール袋が散乱していた。もちろん掃除もできないから、ほこりがうず高く積み重なっている。洗濯も衣類の整理もできないから、あちらこちらに脱ぎ捨てた衣類がくしゃくしゃになっている。いくらご近所さんの人情味あふれるサポートがあっても、生活は限界に来ていた。

このままでは、餓死《がし》か凍死をしてしまうことを職員は真剣に心配していた。認知症のため火を扱うことは非常に危険なので、部屋にはガスコンロもストーブもない。エアコンはあるが、もう操作法がわからなくなっている。ご近所さんがエアコンの暖房を入れていってくれても、リモコンをガチャガチャやって消してしまうのだ。真冬にガンガン冷房が効いた部屋で凍《こご》えていたこともある。

実際に、認知症の独居高齢者が餓死や凍死をしてしまうことは、けっして珍しいことではない。貧困のためではない。認知症のために調理や暖房操作ができなくなって、餓死、凍死してしまうのだ（認知症のために食べるという行動ができなくなる場合もある）。最近は熱中症による死亡も加わっている。

本気で心配している職員は、1年以上にわたって特別養護老人ホーム入居を勧めていたが、アミちゃんを置いてはどこにも行かないと、頑《がん》として入居を断っていた。認知症で色々なことを忘れてしまっても、多くのことが理解できなくなっても、アミちゃんを守ろうという思いと、なにがあってもアミちゃんと離れないという強い意志は失われなかった。田中さんとアミちゃんは、重度の認知症を超える強い絆で結ばれていたのだ。

「アミは命の恩人なんだよ」

機嫌のよいとき田中さんは、満面の笑みを浮かべながらアミちゃんに助けられた話をする。夜中、つけっぱなしにしていたストーブから、近くにあった衣類に炎が燃え移り火事になったとき、アミちゃんが吠《ほ》えて起こしてくれたので、すぐに消火ができて助かったというのだ。この話をするときの顔は、とってもやさしそうで、怒っているときとは別人だ。

このボヤ騒ぎをきっかけとして、部屋からストーブが撤去された。

田中さんの思いは、職員もよくわかっていた。実は職員も犬好きで、犬を2匹飼っていた。愛犬と離れたくないという気持ちは痛いほどよくわかる。ましてや、命を救ってくれた犬とあれば、置いていける訳がない。

しかし、特別養護老人ホームには犬と一緒に入れない。老人ホームに入らないと、命が危ない。前回の冬は運よく生き延びることができたが、次の冬は本当に凍死してしまうか

もしれない。
頭を抱えていた職員に朗報がもたらされた。市内に新しくオープンした特別養護老人ホームが、ペットと一緒に入居できるというのだ。
職員はすぐに田中さんを連れて見学に行った。そして、『さくらの里山科』の、愛犬同伴入居第一号となったのだ。
ただし、入居に至るまでの道のりはけっして平坦ではなかった。いくらアミちゃんと一緒に入居できるといっても、田中さんは住み慣れた我が家を離れるのをいやがった。これはほぼ全ての高齢者に共通する心理である。見学を何回も繰り返し、秋が

『看取り犬・文福の奇跡』をご購読のお客様へ

この度は、弊社書籍『看取り犬・文福の奇跡』をご購入いただき、誠にありがとうございます。
『家族の一員である、愛犬にも安心・安全なものを！』という想いから、
ハワイ在住アニマルコミュニケーター・アネラ氏との共同開発により誕生した、
自然素材100%でできた商品のご紹介です。
ぜひ、愛するワンちゃんの健康維持にお役立ていただけますと幸いです。

青森県 自然栽培農家
木村秋則氏による、無農薬･無肥料にこだわった
奇跡のリンゴを使用した
ワンちゃんのための健康おやつです。

犬のおやつ

①犬の健康お菓子 ・ブラウンライス ロースト

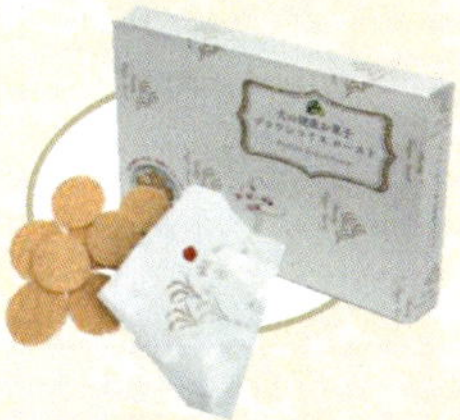

「奇跡のリンゴ」と自然栽培の玄米
（ブラウンライス）、山形の地下水のみで
作った犬のおやつです。
油・調味料・保存料・着色料・酸化防止剤
香料は一切使用しておりません。

※品切れ

②ブラウンライス ロースト　プチパック

青森県のリンゴ農家、木村秋則さんの
無農薬・無肥料で栽培した
「奇跡のリンゴ」と自然栽培の玄米、
山形の地下水のみで作った犬のおやつです。
油・調味料・保存料・着色料・酸化防止剤
香料は一切使用しておりません。

①希望小売価格：2,160円（税込）
②希望小売価格：1,080円（税込）

※品切れ

酒田米菓（山形県）製造

～こんなワンちゃんのお悩みに～

◎毛が乾燥する　◎肉球がカサカサ　◎毛並をよくしたい
◎虫さされ防止　◎市販シャンプーの匂いが苦手

③アネラさんの 犬にやさしい石けん

■標準重量：100g
■オーガニック原料のココナッツ、パーム、ヒマワリ、圧搾オリーブ油、桜島産ツバキ油など、天然植物油を100%使用しています。
■コールド製法による手づくり石けんです。
■合成界面活性剤不使用、犬と人に安全な素材で作りました。

1,500円（税込）

④アネラさんの 犬がよろこぶ石けん

●最高位ハーブ：ホーリーバジル配合

■標準重量：100g
■オーガニック栽培のホーリーバジル、ココナッツ、パーム、ヒマワリ、圧搾オリーブ油、　桜島産ツバキ油など天然植物油を100%使用しています。
■コールド製法による手づくり石けんです。
■合成界面活性剤不使用、犬と人に安全な素材で作りました。

2,000円（税込）

ご注文は同封のハガキでお申し込みください。
Amazon（アマゾン）・楽天からも購入可能です。

深まったころ、ホームなら暖かいと気づいた田中さんは、「ここならアミも寒くない」と、やっと入居を承諾したのだ。凍死が心配される冬を目前に控えた、ギリギリのタイミングだった。

生活が、いや命をつなぐことすら限界が近づいていた田中さんとアミちゃんが暮らす市内に、全国唯一のペットと暮らせる特別養護老人ホームがオープンしたのは、小さな奇跡と言えるかもしれない。

だが、田中さんとアミちゃんと同じ状況に追い詰められている高齢者とその愛犬、愛猫は全国にいる。いまのところ、その人たちには小さな奇跡は起きていない。泣く泣く愛犬、愛猫を手放して老人ホームに入居する高齢者がいる。その結果、失意のあまり生きる気力を失って亡くなってしまう場合すらある。あるいは、愛犬、愛猫とともに、文字どおり共倒れになってしまう高齢者もいるのだ。

＊　＊　＊

老人ホームに入っても、田中さんの認知症がよくなることはなかった。老人ホームに入って生活が安定し栄養状態も向上すると、一時的にではあるが認知症の症状が改善される場合も多いのだが、そうではなかった。

「アミに触るなー‼」

部屋中に大声が響き、介護職員は心のなかでため息をついた。

認知症の症状は色々あるが、田中さんの症状のひとつは、感情の制御ができなくなることだった。そのため、ちょっとしたことですぐ激高し、大声を上げてしまう。

そのような認知症の症状がある入居者はしばしばおり、介護職員は適切に対処するスキルを持っている。だから大声を上げられても怖くないし、怯《ひる》みもしないが、気が重くなるのはどうしようもなかった。

田中さんはアミちゃんに職員が近づくことをとくに嫌った。ふたりの強い絆が、裏目に出た形だった。

しかし、自分でアミちゃんを世話をすることはもうできなかった。ホームに入る前は自分で世話をしていたのだが、それは世話と呼べるものではなかった。ともに同じ物を食べ、同じ水を飲む生活だった。だからホームでは、職員がアミちゃんの世話をするのだが、誰かがアミちゃんに近づこうものなら、激しい怒声を浴びせた。

もっとも、アミちゃんの世話については職員はあまり困っていなかった。田中さんが寝ているときなど、うまくタイミングを見計らってアミちゃんにご飯をあげたり、散歩に連れていったりしていた。それ以上に巧みだったのがアミちゃんである。うまくご主人様の目を盗んでご飯をもらいにきてくれた。

困ったのが、田中さんのケアをするときである。なにしろアミちゃんとは一心同体。ホームに入ってからは車椅子で暮らすようになった田中さんの脇《わき》には、いつもぴったりアミちゃんがいる。だからケアをするために近寄ろうとすると、「俺のアミに近づくなー」と怒鳴られてしまうのだ。

田中さんの症状で職員がもっとも困ったのはナースコールである。ホームの居室にはボタンを押すと職員が駆けつける、病院と同じナースコールシステムがある。インターホンで会話もできる。このナースコールを頻繁に押すのだ。多いときはひと晩に100回近いほど。そして職員が駆けつけるのが少しでも遅れると大声を上げるのだ。もちろん職員は怠《なま》けたりはしていない。ほかの入居者のケア中で、どうしてもすぐには行けない場合が多いだけだ。それでも遅れれば怒鳴る。しかも急いで駆けつけても、ナースコールを押した理由は些細《ささい》なものなのだ。「背中が痛い、さすってくれ」「布団がずれた、直してくれ」などなど、職員にしてみれば、わざわざナースコールで呼ぶほどのことじゃないでしょ！と言いたくなることばかりなのだ。ナースコールを押すことの多さと、ちょっとでも遅れると怒鳴ることには、ベテランの介護職員も参っていた。

しかし、なんのかんの言いながら、職員たちは田中さんとアミちゃんの仲睦まじい姿を見て喜んでいた。怒声は神経的に参ってしまうが、田中さんとアミちゃんの様子を見れば癒やされるので、プラスマイナス0という感じだった。

アミちゃんは、ホームでの暮らしにすぐ馴染《なじ》んだ。むしろ、ほっとして、のびのびしているように見えた。申し訳ないけれど、アミちゃんも田中さんとの生活は不安だったに違いない。田中さんの足腰が弱ってからの数年間は、ほとんど家の外に連れていってもらえなかったからストレスもたまっていたに違いない。ホームでは、朝晩十分なご飯をもらえるし、お散歩に連れていってもらえるし、ドッグランを走り回ることすらできる。さらにお友達もできた。ちょうど同じ時期にホームにやってきた保護犬のプーニャンと親友になったのだ。2匹が仲よくドッグランを走る光景は、ホームの名物になった。

もちろんアミちゃんがホームで楽しく暮らせている一番の理由は、ご主人様と一緒にいられることだ。そしてご主人様が安心していることだ。田中さんは激高して大声を上げることが多かったが、それでもひとり暮らしのときよりはずっと安心して暮らしていた。アミちゃんもそれを感じ取っていたのだろう。ふたりが寄り添ってまどろんでいる姿は、幸せそのものだった。

残念ながらふたりの幸せな暮らしは長くは続かなかった。入居して1年半が経《た》ったとき、アミちゃんは虹の橋に旅立ってしまったのだ。

実はアミちゃんは高齢なうえに、※腎臓《じんぞう》を患《わずら》っていた。長年人間と同じ食べ物を食べていたため、腎臓がダメになってしまったのである。

亡くなる1週間前、アミちゃんはもう歩くことができない状態だった。田中さんは自分のベッドに入れ、ずっと抱きしめていた。最後の1週間、片時も離れることがなかった。田中さんはトイレに行くとき以外は、ベッドから出ることなく、食事もベッドでとりながら、ずっと抱きしめていた。

※昔は味噌汁ご飯を犬にあげるのは当たり前でしたが、現代では、人の食べ物は犬にとって塩分が濃すぎて有害であることがわかっています。アミちゃんは『さくらの里山科』に入居してからは、腎臓病の犬用の療養食フードを食べていました。

アミちゃんは人間なら人工透析が必要な病状で、獣医によると激痛を感じている可能性がある状態ということだった。
それなのにアミちゃんは幸せそうだった。大好きなご主人様と一瞬たりとも離れることなく、抱きしめてもらって嬉しそうだった。アミちゃんと田中さんの穏やかな表情は、菩《ぼ》薩《さつ》様《さま》のように神々《こうごう》しかった。
ふたりのその姿を見て、職員は皆、涙を堪《こら》えられなかった。2の2ユニットの職員だけではない。ホーム中から大勢の職員がアミちゃんに会いにきて、涙していた。

まるで蜜月《みつげつ》のような1週間が過ぎ、アミちゃんは田中さんの腕のなかで穏やかに旅立った。人に飼われている犬にとって、これほど安らかな旅立ちはないと思う。

＊　　＊　　＊

アミちゃんが旅立ったのち、田中さんはどうなるのか？

それを職員たちは密かに恐れていた。

認知症の症状で感情の制御がきかず、すぐに激高して大声を上げる田中さんである。しかもアミちゃんに近づいただけで怒るほど、アミちゃんにこだわっていた。アミちゃんがいなくなってしまったら、どれほど荒れ狂うのか……。

しかし、それは杞憂《きゆう》だった。

驚いたことに、アミちゃんのことについては、まったく荒れなかったのだ。

もちろん認知症が治った訳ではないので、ナースコールを頻繁に押すのは変わらないし、職員が駆けつけるのが遅れたら大声で怒鳴るのも変わらない。ほかにも様々な局面で大声で怒鳴っていた。しかし、それは以前と同じである。アミちゃんがいなくなったからさらに荒れ狂うようなことは一切なかったのだ。

それはきっと、アミちゃんを抱きしめて、ずっと一緒にいて、自分の腕のなかで看取ったことを満足していたからに違いない。認知症で色々なことが理解できなくなり、ほとんどのことをすぐ忘れてしまうのに、アミちゃんを最後までしっかり看取ることができたという気持ちは、心のなかにしっかり根づいていたのだろう。

アミちゃんの死後、田中さんがまったく荒れなかったことに、職員たちはあらためて、認知症を超えるふたりの絆の強さを感じていた。

アミちゃんが虹の橋に旅立って半年後、田中さんも静かに息を引き取った。とても穏やかな顔だった。

＊　＊　＊

「佐野さんのときとは大きな違いですね」

田中さんの部屋の片づけが終わったころ、ユニットリーダーの坂田弘子がしみじみとした口調で理事長に話しかけた。

佐野さんとは、ホームがペットと一緒の入居を考えるきっかけとなった高齢者である。

佐野さんは田中さんと同じ、独居男性高齢者だった。身寄りの縁が薄いことなど田中さんとの共通点が多かった。そして、なによりも佐野さんも犬と一緒に暮らしていたのである。

ホームができる前、坂田は同じ法人の別の施設で働いていた。そこは在宅介護の施設で、自宅で暮らす佐野さんのサポートを10年近く続けていた。

田中さんと同様に佐野さんも、愛犬のミニチュアダックス、レオ君と一心同体のような暮らしをしていた。坂田は何回も家を訪れたことがあり、レオ君との仲睦まじい姿に目を細めていた。

だんだん歩行が不自由になっていった佐野さんは、それでもぎりぎりまで、レオ君の散歩に行っていた。多くの職員が、傾いた身体で、杖《つえ》をつき、足を引きずりながら、レオ君と一緒に必死に歩く姿を目撃していた。

そうやって支え合って生きてきたふたりだったが、とうとう自宅で暮らす限界が来た。佐野さんは必死にレオ君をもらってくれる人を探したが、なにしろレオ君も高齢である。もらい手は見つからなかった。結局、自宅を去る前日、近所の人に頼んで、レオ君を保健所に連れていってもらうしかなかった。

老人ホームに入居するとき、見送りに訪れた坂田の前で佐野さんは号泣していた。

「俺は自分の家族を自分で殺してしまったんだ。この手でレオを殺したんだ」

号泣しながら、激しく自分を責めていた。

あれほど切ない慟哭《どうこく》は聞いたことがない。坂田はそう理事長に報告した。

その後、坂田やほかの職員が、何回か老人ホームにお見舞いに行った。いつ行っても佐野さんは泣いていた。自分を責めていた。自宅にいたころと比べて、見る影もなく、悄然《しょうぜん》としてやつれていた。

慟哭はやむことがなかった。ずっと泣き続け、自分を責め続け、生きる気力を失った佐野さんは、老人ホームに入居して半年も経たないうちに亡くなってしまった。

佐野さんが亡くなったことは、坂田や理事長にとって衝撃だった。

だが、亡くなったこと以上に衝撃的で、坂田たちを揺り動かしたのは、佐野さんが亡くなる前の半年間、自分を責め続け、後悔と絶望の日々を送ったという事実だ。

佐野さんにだって人生のなかで楽しいこと、嬉しいことがたくさんあったに違いない。

身寄りはなくても、最後の十数年は、レオ君と寄り添って穏やかに幸せに生きていた。しかしそんな人生が、最後の半年間、自分を責め続けて、後悔と絶望のなかで逝《い》ったのでは、台無しではないか。高齢者をそんな最期に追い込んでしまうのは、自分たちの老人福祉が間違っているからではないか。その思いが理事長に、当時準備中だった特別養護老人ホームは、ペットと一緒に生活できる場にすると決意させたのだ。

「申し訳ないけど、佐野さんの最期と比べると、田中さんの最期は全然違いました。田中さんは幸せそうでした。ふたりに穏やかで幸せな最期を迎えさせてあげることができただけでも、私たちのしていることは意味があったと思います」

坂田はそう力強く頷《うなず》いた。

田中さんとアミちゃんの思い出は、いまでもワンちゃんユニットで働く職員に希望を与え、背中を押し続けている。

＊　＊　＊

そんな職員たちと入居者が、テレビを指さしながら涙を浮かべている。

「見て、むっちゃんが走っている！」

「むっちゃん、あんなに元気だったんだよね」

「懐《なつ》かしいね、たった2年前なんだけどね」

画面では、大きな白い犬が気持ちよさそうに走っていた。

大きな白い犬の名前は、むっちゃん。福島県の楢葉町《ならはまち》からやってきた被災犬だ。

東北の震災が起きた直後、福島第一原発に近い楢葉町は、居住者のいる場所の全てが警戒区域（立ち入り禁止）に指定された。

住人がいなくなった町には大勢のペットが残された。もちろん飼い主は好き好んでペットを置いていったのではない。すぐに帰れるから、ペットは置いて緊急避難するようにと言われて、そのまま戻れなくなってしまったのだ。

むっちゃんも1匹の兄弟犬と一緒に残されてしまった。広い庭に渡されたワイヤーにリードがかかっていて、ある程度自由に庭を動けるようになっていたとはいえ、外に出ることはできない。そのままでは餌《えさ》も水もなくなってしまう。

そんなむっちゃんたち2匹を救ったのは、ボランティアだった。ボランティアが餌や水をやりにきてくれたのだ。

だが、つながれているむっちゃんたちの餌を狙って、自由に動ける犬たちが襲ってくる。どの犬も必死だから仕方がない。当時、福島の避難エリアの至るところで繰り広げられた光景だった。

震災から3カ月後、動物愛護団体のNPO法人『犬猫みなしご救援隊』が、むっちゃんを保護したとき、2匹とも大きなケガをしていたという。救出がもう少し遅れていたら、命はなかったかもしれない。

『犬猫みなしご救援隊』がむっちゃんを救出したときの写真が、ホームに飾ってある。安《あん》堵《ど》した表情で、スタッフに抱かれる様子は胸を打つものがある。

こうして2匹は、当時栃木県に作られていた『犬猫みなしご救援隊』のシェルター（緊急避難所）で暮らすことになった。

「むっちゃん」という名前は、救出されたとき、救援隊がつけた。救援隊のスタッフは、2匹を親子だと思ったのだ。そして、「む・す・こ」の「む」を取り、むっちゃんと名づけたという。

原発事故という人間が起こした出来事により命の危機にさらされたむっちゃんだが、人間の善意によって救われた。そしてその善意のリレーが続いていくのである。

むっちゃんはシェルターで傷を癒やし、穏やかな生活を取り戻した。シェルターの犬舎には冷暖房もついていて快適だったし、ボランティアたちが毎日散歩に連れていってくれた。もちろん食べ物も水も十分にある。しかし、高齢で、クッシング症候群という持病もあるむっちゃんは徐々に弱っていった。

そこで、むっちゃんに救いの手を差し伸べたのが、動物愛護団体『ちばわん』の代表の扇田佳代だった。

震災後、福島の原発周辺に取り残された犬や猫（と牛などの家畜たち）を救うために、全国の動物愛護団体が動いていた。千葉・東京・神奈川を拠点とする『ちばわん』も、たびたび福島を訪れ、残された犬や猫に餌をあげていた。そして、常に人手を必要としていた『犬猫みなしご救援隊』のシェルターの手伝いにも行っていた。代表の扇田も、毎週シェルターを訪れていた。そして、むっちゃんに出会ったのである。

そのとき、ちょうど『ちばわん』は『さくらの里山科』に文福と大喜を送り届けたところだった。さらに2～3匹、犬を受け入れると言われて、どんな犬がいいか探していたの

だ。

この穏やかな子なら、老人ホームで暮らすのにぴったりだ。むっちゃんにとっても、広々とした環境で、のんびりと穏やかに暮らすのが、身体にいいに違いない。

早速、『犬猫みなしご救援隊』の代表に相談すると、もろ手を挙げて賛成してくれた。

こうして、むっちゃんはホームにやってきたのである。

福島から栃木のシェルターへ、そして栃木のシェルターから神奈川の老人ホームへ、まさに人々の善意のリレーである。

賢くて穏やかなむっちゃんは、すぐに

ホームの犬たちのリーダーになった。1カ月前に来ていた先住犬の文福と大喜も、むっちゃんには喜んで従った。その後に入居してきたアラシやジローも、当たり前のようにむっちゃんファミリーの一員になった。

ホームに来た当初は、むっちゃんはまだ、ゆっくりとだが走ることもできたのだが、1年後、持病のクッシング症候群が悪化して、立てなくなってしまった。

一時は危篤《きとく》だったが、酸素ルームに入ることによって危機は脱し、再び歩けるようにもなった。そこから1年間、むっちゃんは頑張ってくれた。苦しそうなときはあっても、穏やかで、幸せそうに暮らしていた。そうして2年間暮らしたのち、職員や入居者に看取られて、穏やかに旅立った。

むっちゃんの死後、善意のリレーによって命をつないだむっちゃんの生涯が、NHKのドキュメンタリー番組で特集された。職員たちと入居者は、その番組『むっちゃんの幸せ』を見て、目に涙をためていたのだ。

その瞳の先には、ペットと高齢者が命の限り幸せに暮らせる確かな道筋が見えていた。

第5話

〝老春〟を駆け抜けろ

ホームに愛犬、愛猫を連れて入居してくる高齢者は、ひとりひとりがドラマを背負っている場合が多い。皆、愛犬、愛猫とともに、サバイバルとも言える壮絶な生活を生き延びてきて、一縷《いちる》の光にすがるようにしてやってくるのだ。

本当はそれではいけないと職員たちは思っている。なんのドラマもなく、ごく当たり前のことのように愛犬、愛猫とともにホームに入居するのが本当なのだと。だが、まだ現実はそうなっていない。重いドラマを背負って入居してくる方ばかりなのだ。

そのなかでも、もっとも重いドラマを背負っていたのが、愛犬のポメラニアンのチロとともに入居した伊藤大吉さんだった。伊藤さんは末期がん※で、余命6カ月の宣告を受けていた。入居した時点で、宣告を受けてから2カ月以上が過ぎていたから、実に余命3カ月での入居だった。

人は誰しも余命宣告などというものを聞いたら、大変なショックを受けるだろう。その

※末期がんの宣告を受けたときは、伊藤さんは検査入院していました。そのあいだチロはペットホテルに預けていました。

ショックのなかで、残された時間をどうしようか、なにを優先すべきか、必死に考えるのではないだろうか。伊藤さんもそうだった。そして、なによりも優先したのは、チロとの暮らしだった。残された時間があとわずかしかないのなら、入院もホスピスにも行きたくない。チロと一緒に過ごしたい。伊藤さんは、治療も延命もすべてを捨てて、チロとの暮らしを選んだ。

もちろん末期がんという状態で、ひとりだけで（チロとふたりだけで）、自宅で暮らすのは不可能だった。頼りにしている娘さんは他県で暮らしている。それでも毎週のように来てくれていたが、毎日世話をするのは不可能だった。そこで娘さんは、ペットと一緒に暮らせる老人ホームを探し、ようやく見つけたのである。

入居申し込みを受けて、職員たちは悩んだ。がんを患《わずら》っている方が入居するのは珍しいことではない。そのような方が、入居後に病が進行し、末期になって余命宣告を受けることも珍しいことではない。しかし、最初から末期がんで余命宣告を受けた状態の方が新たに入居した例はなかった。

看取り期の介護（ターミナルケア）は非常にデリケートなものなので、本人および家族との信頼関係ができていることが必須条件である。それが、信頼関係どころか、なにもわからない新しい入居者の看取り介護をいきなり行うことは、非常に怖いことだった。

しかし、悩んでいる時間はなかった。伊藤さんは余命6カ月の宣告を受けてから2カ月以上が経《た》っている。時間をかけて議論していたら間に合わなくなってしまう。そして、残された時間を愛犬のチロとともに過ごしたいという希望をかなえられるのは、自分たち以外にいないこともわかっていた。

「特別な事情なんだから、私たちが覚悟を決めて頑張るしかないわね」

看取り介護においてもっとも重責を担う看護主任が真っ先に入居に賛成した。看護師が覚悟を決めているなら、ユニットの介護職員だって負けていられない。元より、2の2ユニットのリーダー・鬼塚瑞枝は、受け入れるしかないと決断していて、どうやって看護主任を説得しようかと考えていたのだから。職員たちが覚悟を決めたのを見て、理事長も即座にリスクを負う決断をした。会議は一瞬で終わり、入居受け入れが決まった。

とっても可愛らしいポメラニアンのチロと一緒にやってきた伊藤さんは元気いっぱいだった。目には強い光があり、とても末期がん患者には見えなかった。そしてなんと、入居したその日に、チロを連れて散歩に出かけたのだ。杖《つえ》をつきながら、ゆっくりした歩行だったが。もちろん職員が付き添っていたが、チロのリードを自分で持って散歩したのだ。

季節は秋だった。街路樹の落ち葉が舞うなかを、杖をつく伊藤さんと、小さなチロが歩いていく。伊藤さんの手からチロへと伸びるリードが、ふたりを結ぶ堅い絆に見えた。小さなチロの影が長く伸びて、伊藤さんの影と重なる。余命を知っている職員は、涙がにじむのを抑えられなかった。

伊藤さんは、色々なことに積極的に挑戦した。ホームのなかで開かれるボランティアの演奏会などのイベントには全て出席した。毎月開催される外出行事にもすべて参加した。残された命を、まさに燃やし尽くそうとしているようだった。

老春という言葉がある。大辞林《だいじりん》では、「高齢者が青年のように若々しくしていること」と定義されている。高齢者がイキイキと人生を楽しむことである。伊藤さんの毎日は、それこそ老春そのものだった。全身全霊をかけて最後の春を謳歌《おうか》しようとしていた。

もっとも老春を燃やしたのが、チロとの生活だった。毎週火曜日の午後、介護職員が交代で当番を務めている喫茶山科（ホールを使った模擬《もぎ》喫茶店イベント）には、毎回チロを連れて訪れた。ホーム自慢の、一杯ごとに豆を挽《ひ》くマシンで入れた本格珈琲《コーヒー》を美味《おい》しそうにすする伊藤さんの膝《ひざ》のうえには、チロがちょこんと座り、ひたむきに伊藤さんの顔を見つめていた。この風景は、喫茶山科の名物になった。

入居して1カ月後には、長距離を歩くことはできなくなったが、毎日車椅子でチロの散歩に行っていた。

伊藤さんとチロは毎晩、同じベッドで一緒に寝ていた。毎朝、チロと一緒に起きて、リビングに出てきた。ゆったりと朝のお茶を飲む伊藤さんの足元で、チロもゆったりと朝の水を飲んでいた。ロッキングチェアーで寛《くつろ》いでいるときには、その脇《わき》にチロが寄り添うように座っていた。

伊藤さんはだんだん身体が弱ってきて、色々なことができないようになっていっても、できる限り、チロの世話は自分でやろうとしていた。毎日朝晩、少し震える手で握りしめたスプーンで、ドッグフードをよそい、車椅子から身をかがめて、チロの前にご飯の器を置いた。きちんとお座りして待っているチロは、美味しそうにドッグフードを食べるのだった。

伊藤さんは、鬼塚たち職員に、3つの言葉を、しばしば繰り返し話した。

ひとつめの言葉は、

「チロと少しでも長く一緒にいられるよう頑張るぞ」

というものだった。そう話すときの目には力強い光がみなぎっていた。

病気のため、徐々に食欲が衰えていったのだが、頑張って毎食全て食べていた。ある日、娘さんが訪れて驚いたことがある。

「お父さんがピーマンを食べている！」

伊藤さんはピーマンが大嫌いで、これまで食べている姿を見たことがなかったそうだ。

娘さんは驚愕《きょうがく》していたが、そのセリフを聞いて、職員も驚愕してしまった。伊藤さんは入居して以来、いつもピーマンを全て食べていて、残したことはなかったのだ。チロと少しでも長く一緒にいるために、食事は全部食べよう、出された物はなんでも食べようと決め、大嫌いなピーマンも我慢して食べていたのだ。

「チロのためにあんなに嫌いだったピーマンを食べるなんて……」

娘さんは泣き笑いを浮かべた。

「なんだか、少し妬《や》けちゃいます。父にとっては本当にチロが一番なんですね」

話を聞いている鬼塚も涙を浮かべていた。

ふたつめの言葉は、

「俺は、チロに看取ってもらいたいんだよ。死ぬときは、枕元にチロにいてほしいんだ」

というものだった。これまた娘さんが聞いたら妬いてしまうだろうことを繰り返し話した、やさしい目をチロに向けながら。チロもいつもどおり、ひたむきな瞳を向けていた。

3つめの言葉は、

「俺が死んだら、ここでチロの面倒をみてやってくれよ。ここがチロの家だからな」

である。そう話すときの目には涙が光っていた。

「もちろんですよ。チロちゃんのことは、ここでずっとお世話しますから、安心してくださいね」

何回この会話を繰り返しても、鬼塚は話すたびに涙を隠せなかった。そして毎回、心のなかで誓《ちか》っていた。伊藤さんとチロの日々が一日でも長く続くよう、私たちも全力で頑張ろう。

天真爛漫《てんしんらんまん》なチロは、2の2ユニットの先住犬ルイとプーニャンとすぐに親しくなった。とくに同じ大きさのルイとは大親友になった。入居者や職員とも仲よくなった。入居して1週間後には、すっかりユニットの主《ぬし》のようになっていて、ユニットの玄関が開いたら真っ先に走っていって、お出迎えをした。訪問客がリビングに入ってくると、必ず人の輪の真んなかに入っていった。それまで伊藤さんとふたりきりの生活を送ってきたチロは、大勢の人やワンコに囲まれた生活が楽しくて仕方ないようだった。

もちろん、それでも、チロにとって一番大切なのは伊藤さんだった。玄関に走っていっても、訪問客の輪のなかに入っていっても、すぐに伊藤さんの元に駆け戻ってきた。全力疾走するチロの姿があまりに可愛いので、訪問客も目を細めていた。

このとき、チロは10歳だった。もう老犬と呼ばれる年齢になっていた。だから、伊藤さんの老春の日々は、チロにとっても老春の日々だった。チロは伊藤さんと一緒に過ごすことに老春をかけていた。

チロは、伊藤さんの余命がわかっているのかもしれないと、鬼塚は感じていた。できるだけ一緒にいようと必死に頑張っているように見えたのだ。チロはいつも、ひたすら伊藤さんを見つめていた。その瞳には切ない光が浮かんでいた。

散歩に行くとき、車椅子の伊藤さんはゆっくりとしか進めないから、わずかな距離でも時間がかかった。チロは一緒にゆったりと20分以上も散歩をするのだった。

しかし、実はチロはあまり散歩が好きではなかった。伊藤さんが外出行事などで疲れているときは、代わりに職員が散歩に連れていくのだが、5分も歩くともう帰るといって引き返してしまうのだ。それが伊藤さんと一緒だと、20分でも30分でもいやがらなかった。伊藤さんと一緒なら、あまり好きじゃない散歩も嬉しかったのだろう。

伊藤さんが外出行事などに出かけているときは、ユニットの玄関の扉の前で、ずっと待っていた。

「まるで忠犬ハチ公ね」

鬼塚は扉の前で待つ姿を見て、胸の奥が痛んだ。実際に近い将来、ハチ公と同様に飼い主を失ってしまうのだから。

刹那《せつな》的青春という言葉がある。青春は二度と来ないというフレーズもよく聞く。青春は一瞬だというキャッチコピーもしばしば見かける。

伊藤さんとチロの老春は、それ以上に刹那的だった。絶対に二度と来ないものだった。一瞬一瞬が本当に大切だった。一緒に過ごす一日一日が、いや一分一秒が、宝物のようなものだった。

この日々が一日でも長く続いてほしい。祈るような気持ちで、鬼塚たちは介護にあたっていた。

そして小さな奇跡は起きた。

入居して2カ月近くが過ぎ、伊藤さんは無事お正月を迎えることができた。しかも、元気な状態を保っていた。ホームの外出行事に参加して、チロと一緒に神社に初詣に出かけることができたのだ。神社で祈る伊藤さんの車椅子の膝のうえには、チロがちょこんと座り、つぶらな瞳で見つめていた。

入居して3カ月が過ぎても伊藤さんは元気だった。少しずつ身体は弱っていたが、それでもまだまだ元気に頑張っていた。

4カ月が過ぎても、車椅子でチロの散歩に行くことができた。もう見ることができないと覚悟していた、春の桜を見ることもできたのだ。

5カ月が過ぎても、外出行事に参加することができた。5月には、市内のバラの名所を訪れ、6月には菖蒲園《しょうぶ》に出かけた。7月には、片道2時間をかけて、隣の県にある富士サファリパークに行く行事も参加できたのだ。

春を迎えられないと覚悟をしていたのに、夏を迎えることまでできた。鬼塚は、季節の移り変わりをこんなに強く意識することは初めてだった。次の季節を迎えることをこれほど嬉しく感じたことはなかった。

8月、猛暑の日中を避け、夕闇迫るころ、伊藤さんは車椅子でチロと一緒にホームのドッグランを散歩した。このころはもう、ホームの敷地外まで散歩に行くのは難しくなっていたが、毎日必ずドッグランを散歩していた。リードを握る手には、まだ力があった。

余命3カ月での入居だったのに、ついに10カ月めを迎えることができた。

私たちの介護の大成果だ、とは誰も思わなかった。もちろん自分たちもできる限りのことをしているという自信はあったが、小さな奇跡を起こしたのはチロの力によると職員の誰もがわかっていた。チロと一緒に過ごす日々が、なによりの力となったのである。

小さな命が大きな力を与えてくれることを、職員たちはそれまでたびたび目の当《ま》たりにしてきた。文福と佐藤さん、アミと田中さん。それぞれの場合に、ペットは人間に大きな力を与えてくれた。そしてチロと伊藤さんの日々を見て、職員たちは、小さな命がいかに大きな力を与えてくれるのか、あらためて実感していた。

入居10カ月めを迎えた9月、ついにそのときが来た。それまで徐々に体力が衰えていたのが、がくっとダウンしてしまったのだ。一日の大半をベッドで寝て過ごすようになった。チロももちろんベッドのうえで寄り添って寝ていた。ひたむきに伊藤さんを見つめていた。

ベッド上での生活になってもふたりは幸せそうだった。チロは布団にもぐり込み、伊藤さんの隣にちょこんと頭を出す。そうやってふたりは見つめ合っていた。伊藤さんが震える腕を必死に持ち上げ、チロを撫《な》でる。伊藤さんの顔には微笑《ほほえ》みが浮かんだ。チロも笑っていた。ふたりの姿を見て、職員は嗚咽《おえつ》してしまいそうになるのを必死に堪《こら》えていた。

日に日に伊藤さんは眠っている時間が長くなっていった。それでも時おり目を開き、そこにチロがいると安心して微笑んだ。血圧が危険なほど下がっても、食事がとれなくなっても、伊藤さんはチロに微笑みかけていた。

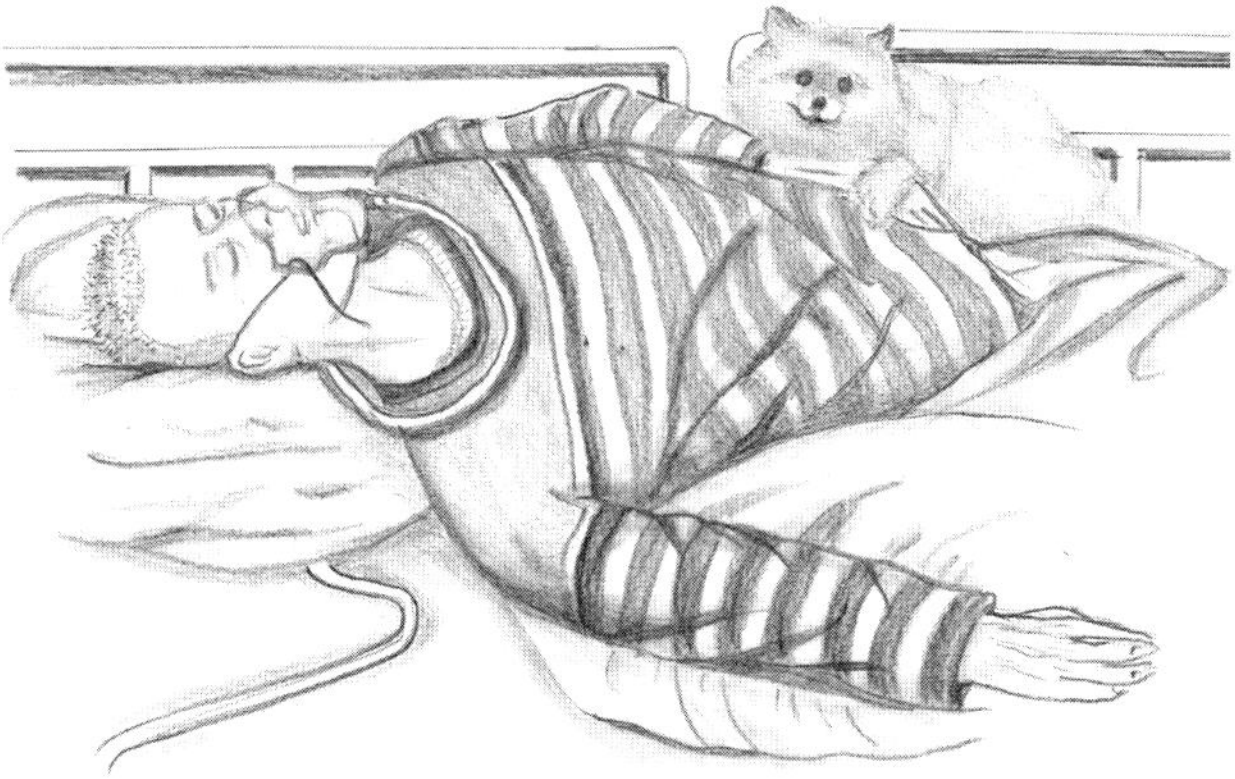

そうして、静かに静かに、生命の炎は燃え尽きようとしていた。まさに老春を燃やし尽くしたのである。

「……チロ……」

声にならない小さな声で、しかし確かに呼びかけた。枕元に座っていたチロは、そっと伊藤さんの顔をなめた。伊藤さんはかすかに微笑んだ。微笑みながら天に旅立っていった。望みどおりチロに看取られながら。

「くぅーん」

チロはわずかに声を上げて、伊藤さんの顔をやさしくなめていた。いつまでも、いつまでもなめ続けていた。

＊　＊　＊

それから3年が経った。現在でもチロは元気に過ごしている。時おり寂しそうな顔を見せることはある。ユニットの玄関の扉の前にじっと座っていることもある。伊藤さんの帰りを待っているのだろうか。それとも最後に旅立っていった扉から、天国にいる伊藤さんに語りかけているのだろうか。

そんな寂しげな様子を見せることはあっても、普段のチロは元気だった。もうポメラニアンの平均寿命である13歳になり一日の大半を寝て過ごすようになっているが、そして元からの持病である心臓病と肝臓病の薬を飲んでいるが、まだまだ元気だ。親友のルイと一緒にリビングを駆け回ることもある。後輩犬のトイプードルのサンタがじゃれついてくるのを、ガウッと叱りつけることもある。ご飯もよく食べる。入居者全員に可愛がられ、色々な人の膝に乗って甘えている。

チロが精いっぱい天寿を全《まっと》うしようと頑張っているのを、毎日楽しく過ごしているのを、きっと伊藤さんは天の上から目を細めて眺めていることだろう。

職員たちのあいだで大人気の『旅猫レポート』という小説がある。その小説のなかで、主人公は愛猫を残して死んでしまい、愛猫が夢のなかで、主人公と再会するシーンがある。そのシーンは、主人公と愛猫の思い出の地、北海道の紫と黄色の花が広がる原っぱだ。『旅猫レポート』にあやかり、職員たちは、伊藤さんは紫と黄色の原っぱでチロを待っているると思うことにした。きっと美しい紫と黄色の花が広がる原っぱで、チロの幸せな日々を見守りながら、再会の日を待っているに違いない。

「伊藤さん、申し訳ないけど、チロがまだまだ長生きするよう私たちは頑張っちゃいますからね。チロと再会するまで、もうしばらく待っていてくださいね」

鬼塚はチロを抱き上げて、夜空の星を見上げながら呼びかけた。鬼塚の目にも、そしてきっとチロの目にも、紫と黄色の花が咲く原っぱで微笑んでいる伊藤さんの姿がくっきりと浮かんでいた。

第❻話 いまが至福のとき

小さなネズミのような動物を手にした高齢の女性が海岸に立っていた。いやな予感がした後藤昌枝さんは思わず声をかけていた。

「すみません、その子をどうするんですか？」

「うん？　海に流すんだよ。情がわかないうちに流しちまわないとなぁ」

彼女は罪のない顔で笑っていた。その手のなかでは、まだ目も開いていない小さな猫が、己の運命を察しているのか、精いっぱい暴れていた。

「待ってください。それなら私にください。私が引き取ります」

後藤さんは思わず叫んでいた。

それが愛猫、祐介との出会いだった。

このとき後藤さんは60歳だった。実は動物を飼うのはもうやめようと決意したところだった。

これまで何匹もの猫や犬を飼ってきたが、ちょうど60歳を目前にして愛犬のポメラニアン2匹を相次いで看取ったとき、もうこれで動物は最後にしようと決意したのだ。この歳で、しかも持病もあるのに新たに動物を飼うのはもう無理だろうと。

しかし目の前で失われようとしている命を見たとき、考えている間はなかった。迷いもなかった。気がついたとき、その女性は立ち去っていて、後藤さんの掌《てのひら》には、ミュー、ミューと、か細く泣く小さな命が載っていた。

このときの祐介は生まれてからまだ数日。目も開いていなければ、体毛も生えそろっていない、本当に小さな赤ちゃん猫だった。すぐに動物病院に連れていったが、獣医はこの段階で育てるのは難しいと首を横に振るだけだった。

しかし後藤さんには自信があった。これまでたくさんの犬や猫の赤ん坊を見てきた。病気の子の看病をしたこともある。絶対にできる。絶対にこの命を守ってみせる。タオルでくるんだ祐介に、小さな哺乳瓶で2時間おきにミルクを与えた。その献身的な世話で、命が危ぶまれた祐介は無事すくすくと育っていった。

こうして、もう動物を飼うのはあきらめるしかないと決意していた後藤さんにとって、思いもかけない新しいパートナーとの生活が始まった。

祐介との暮らしはとても楽しかった。ふたりはいつも一緒だった。夜は一緒のベッドで枕を並べて寝る。朝食を食べる後藤さんの足元で祐介がキャットフードを食べている。後藤さんがトイレに入ると、祐介は扉の前で待っていた。洗濯物を持って2階のベランダに行くときも一緒についてきて、洗濯物を干す後藤さんの周りで、楽しそうにベランダを散策していた。

後藤さんの家は、小高い丘のうえにあり、家の裏には自然の林が広がっていた。窓からは横須賀の街並みから東京湾まで一望できた。静かに暮らすには最高の環境である。そこで祐介とふたり、童話に出てくるような牧歌的な暮らしを送っていた。

しかし、一抹の不安があった。実は、健康上の理由から早期定年退職をしていたのである。後藤さんは脊柱管狭窄症《せきちゅうかんきょうさくしょう》だった。この病気は、長い時間歩くのが難しくなることが特徴で、後藤さんお気に入りの自宅の環境があだになった。10分以上かかる坂道を登ることが困難になったのである。とても毎日の通勤は不可能だった。そのため、定年までは頑張ろうと決めていた会社を早期定年せざるを得なかったのだ。実は先代のワンちゃんたちが亡くなったとき、もうペットを飼うのはあきらめようと決意した理由も、この病気のためだったのだ。

それでも、しばらくは祐介との暮らしは平穏そのものだった。食料品や日用品は、生協の宅配で事足りた。どうしても足りない物は、気晴らしも兼ねて、週に2〜3回、街まで買い物に行っていた。時間に追われる通勤は無理でも、休み休みゆっくり歩いて坂道を往復するのはまったく問題がなかった。後藤さんには子供がいなかったが、姪《めい》の土岡由香さんが月に2〜3回は来てくれて、なにかと気遣《きづか》ってくれた。生活にはなにも不自由なことはなかった。

だが、祐介が6歳になったころから、徐々に病状は進行し、日常生活にも少し支障をきたすようになってきた。家のなかでの移動でも息が切れるようになってきた。わずかな距離を歩くだけでも痛みを感じて立ち止まってしまうことがあった。段差もなにもないところで転ぶことが増えてきた。

身体の状態に不安を覚えたとき、真っ先に頭に浮かんだのは祐介のことだった。

このまま、私になにかあったら祐介はどうなってしまうのだろう。

もし、私が入院でもしたら、残された祐介は飢え死にしてしまう。それだけは絶対にいやだ。

一度心配になると際限がなかった。実はこのときの病状はまだ、そこまで深刻ではなかったのに、自分が倒れ、ひとり残された祐介のことを考えると涙があふれた。祐介のことが心配なあまり、夜も眠れなかった。ご飯も喉《のど》を通らなかった。

見る見るうちに痩《や》せていった。もともとモデルのようにスレンダーな身体だったのだが、さらにやつれて骨と皮のようにげっそりとしてしまった。

「祐介、お前を残してしまったらどうしよう……」

眠れない夜、祐介を抱きしめてさめざめと泣いた。

「いやよ、私は絶対に入院なんかしない。私は最後までお前と一緒だからね」

泣いているうちに空が白んでくることも多かった。

後藤さんの体調を祐介は察していたのかもしれない。いつしか祐介は、無邪気にあとをついて回るのではなく、後藤さんを見守りながら一緒に歩くようになっていた。転んだときなど、心配そうに後藤さんの顔をなめた。

一度は実際に命を救ったこともあった。真冬の寒い日、後藤さんはトイレで気を失ってしまったのだ。狂ったように叫ぶ祐介の声にうっすら目を開けると、信じられないことに祐介がそこにいた。いつものようにトイレの扉の前で待っていた祐介は、後藤さんの異変に気がつくと、扉のノブに跳びつき、ぶら下がって暴れることにより、ドアを開けたのだ。

なにしろ真冬のことである。祐介のおかげで意識を取り戻さなかったら、凍死していたかもしれない。祐介のおかげで助かったのだ。かつては後藤さんが祐介を守っていたのが、いまは祐介に守られるようになっていた。

だが、祐介が健気《けなげ》であればあるほど、後藤さんの苦悩は深まった。

こんなに健気な祐介をつらい目にあわせちゃったらどうしよう。

命の恩人の祐介を残していくことになったら耐えられない。

後藤さんはますます痩せ衰えていった。

「叔母《おば》ちゃん、このままじゃだめよ」

姪の土岡さんが心配して心療内科に連れていってくれた。処方された睡眠薬を飲むと、少しは眠れるような気がして、後藤さんは毎月心療内科に通うようになった。

だが、いつしか睡眠薬は飲まなくなっていた。飲まないのに心療内科には通いつづけ、睡眠薬がたまっていった。

このまま体調が悪くなって、祐介を残していってしまうくらいなら、いっそ一緒に死んだほうがいい。

文机《ふづくえ》の引き出しにたまった睡眠薬を見つめて息を呑《の》んだ。

これだけ薬があれば、私と祐介は確実に死ねるだろうか。

後藤さんはそこまで追い詰められていた。

幸いなことに悲劇は起きなかった。悲痛な決断を実行に移す前に倒れてしまったのである。

その日、猫の異常な叫び声を耳にして、民生委員の今井良子さんは、後藤さんの家の玄関に向かった。

今井さんは3日に1度は後藤さんの家を訪れていた。民生委員として、担当地区の独居高齢者を見回る仕事があるからだが、それ以上に後藤さんとは仲がよく、近所の茶飲み友達のような間柄だった。

玄関扉の鍵はかかっていた。しかし、なかからは尋常ではない猫の叫び声が続いている。今井さんも祐介のことはよく知っていた。あの賢い猫ちゃんが、理由もなくこんな叫び声を上げる訳がない。

即座に今井さんは、家のなかに入ることを決断した。後藤さんから、予備の鍵の置き場所は教えてもらっていた。まれに後藤さんが出かけて、帰りが遅くなるときは、頼まれて祐介にご飯をあげることもあったのだ。

玄関に入ると、すぐに祐介が走り寄ってきた。今井さんの顔を一瞬見つめて、大きな声で鳴くと、すぐに部屋のなかに取って返した。そのあとを追って居間に駆け込んだ今井さんは、床に倒れている後藤さんを発見した。

「後藤さん、どうしたの？　大丈夫？」

今井さんが声をかけると、うっすらと目を開いた。意識が戻ったわけではない。後藤さんはうわごとのように繰り返すだけだった。

「救急車は呼ばないで。入院はいやよ、祐介を置いていけないわ」

いくら「入院はいや」と言っても、とても放っておける状態ではなかった。今井さんはすぐに救急車を呼ぶと、次に後藤さんの姪の土岡さんに連絡をとった。幸い今井さんは土岡さんとも面識があったのである。

こうして後藤さんはあれほどいやがっていた入院をすることになった、祐介を残して。しかし、心配していたような事態は起きなかった。このとき、ご近所の助け合いと、ペットを愛する仲間たちの見事なネットワークが機能したのである。

病院に駆けつけた土岡さんと連絡を取りながら、今井さんは祐介を守るための手配をした。とりあえず、その日の夜は自分が祐介にご飯をあげ、トイレの掃除をすることにした。翌朝は、別の猫好きのご近所さんがご飯をあげにいってくれることになった。そのあいだに今井さんは、『ペットシッターノン』に電話をした。今井さんがよく使っているペットホテルで、経営者とは友人だった。そこは一軒家を丸々開放して、ケージに入れない運営をしており、横須賀のペット愛好家のあいだでは有名だった。経営者は、そういう事情ならと、破格の値段で祐介を長期間預かってくれることになった。こうして祐介は、後藤さんの入院中も安心して暮らせる場所を見つけたのである。

この『ペットシッターノン』は、『さくらの里山科《さとやましな》』の理事長とも知り合いだった。祐介を預かる直前、偶然にも理事長が夫婦で東北にボランティアに行った際、3匹の愛犬を預けていたのである。

こうして、後藤さんと祐介のピンチはホームに伝わり、姪の土岡さんが申し込み手続きを進め、祐介との同伴入居が決まった。

後藤さんの病状は、拒食症によって起きた低栄養状態による重度の衰弱だった。体重は30kgしかなかった。生きているのが不思議なような状態だった。

入院しているあいだ、ほとんど心神喪失の状態だった、のちに後藤さんは入院時のことを思い出そうとしても、ほとんど記憶がなかった。

約3カ月入院すると、本人を移動させても問題ないまでに体調は回復した。そこで土岡さんは、猫と一緒に暮らせる老人ホームに入居できることを説明したのだが、混乱状態にある後藤さんは、信じようとしなかった。

「いやよ、祐介と一緒に入れる老人ホームなんてある訳ないわ。私は絶対に行かない。私はここにずっといるわ」

後藤さんは、そこが病院だということもわかっていなかった。自分はまだ祐介と一緒に自宅にいると思い込み、絶対にどこにも行かないと言い張った。

「大丈夫、叔母ちゃん。このホームなら祐介と一緒に入れるから。絶対に祐介は大丈夫だから」

「嘘《うそ》よ、そんなところあるはずがないわ」

いくら説明しても、けっして信じようとしなかった。

結局後藤さんが納得しないまま、車椅子でホームに連れていくことになった。意識が朦朧《もうろう》としている後藤さんは、拒絶もしなかった。自分が病院から移動したこともわからなかった。

そして後藤さんは幸せな目覚めをすることになる。目を開いたら、そこに祐介がいたのだ。

「ああ、祐介、祐介や。ここにいたのね」

涙を流しながら固く抱きしめた。祐介も久しぶりにお母さんに会えて大喜びしていた。切ない声を上げてすがりつき、顔に頭をこすりつけていた。

その光景を見ていた土岡さんも、職員たちも涙ぐんでいた。職員たちは皆、一瞬で健気な祐介のファンになっていた。

後藤さんは、最初、天国で祐介と一緒にいるのかと思った。そうではなく、自分も祐介も生きているのだとわかると、今度は祐介と一緒に入院したのかと考えるようになった。病院に入院していたことは意識から飛んでいたので、自宅から祐介と一緒に病院に来たと思ったのだ。そのためしばらくのあいだ、職員のことを看護婦さんと呼んでいた。

その一方で祐介は速《すみ》やかに新しい生活に馴染《なじ》んでいた。昔から、「犬は人につき、猫は家につく」と言われるが、猫を飼ったことがある人は、それが間違いだと知っている。猫も人につくのである。だから祐介にとっては、大好きなお母さんがいてくれれば、そこが我が家だった。

一瞬で祐介は、後藤さんの居室の主《あるじ》になっていた。ベッドに自由に出入りし、後藤さんの自宅から運ばれてきた椅子は、以前の生活のときと同様にお気に入りの場所になった。なんと、居室の洗面台の自動蛇口まで使いこなしていた。ひょいっと洗面台に飛び乗ると、蛇口《じゃぐち》の前にちょいちょいと手を出す。それに反応して水が出てくると、美味《おい》しそうに飲むのだ。部屋のなかには、ちゃんと祐介用の水飲みが置いてあり、職員が定期的に水を代えるのにもかかわらず、である。

入居してから1カ月が過ぎ、後藤さんはやっと自分の置かれた状況が完全に理解できた。もう祐介は大丈夫なのだ。

私になにかがあっても、祐介は安心なんだ。

私は祐介とは離れないですむ。

これからもずっと一緒にいられる。

「祐介、これからもずっと一緒だよ」

あらためて抱きしめて、喜びの涙を流した。

それからの回復は目覚ましかった。3カ月も経《た》たないうちに、30kgしかなかった体重は、40kg台後半に戻った。背筋はしゃんと伸び、手すりに掴《つか》まれば、数十mは問題なく歩けるようになっていた。祐介を残してしまう心配がなくなったことは、なによりの薬だったのである。

そもそも悩みの根本である脊柱管狭窄症は、けっして恐ろしい病気ではない。高齢者に

多い病気で、進行は緩やかな場合が多く、薬で症状を緩和することもできた。長い坂道を登らなければならない自宅の環境と、祐介を残してしまう恐れが後藤さんを苦しめたが、その両方が解決したら、恐れる必要はなかった。

もちろん、劇的な回復の背景には、しっかり食事ができるようになったことがある。体重が30kgまで落ちた一番の理由は、祐介の心配のあまり食事が喉を通らないという心因性の拒食症だが、実は同時期に発症した小麦アレルギーのせいでもあったのだ。なにしろ小麦粉は非常に多くの食品に含まれている。そのため、なにを食べても調子が悪くなってしまい、物が食べられないようになっていったのだ。

入院したおかげで小麦アレルギーだということがわかり、その情報をもらっていたホームの厨房は、アレルギー対応の、小麦粉が完全に入っていない食材と調味料を用いて、専用の食事を毎回作ることにした。

『さくらの里山科』は料理も自慢のひとつである。フグもあればマツタケもある。お正月には、ひとりひとりに本物の漆塗《うるしぬ》りの重箱に入ったおせち料理を出し、さらに伊勢海老まで用意した。夏にはウナギや鮎《あゆ》が、冬にはアンコウ鍋やカニが出た。それらの料理を全て小麦粉なしの後藤さん専用に作った。元来グルメだった後藤さんはとても喜んで食べていた。一瞬で体重が戻ったのも当然だった。

後藤さんはグルメだっただけではない。幅広い趣味と教養を持っていた。ペットもたくさん飼ってきたし、たくさんの本を読んできた。絵を描くことが好きで、手工芸も愛好していた。

生活に安心とゆとりを取り戻した後藤さんは、すぐに色々な趣味をたしなむようになった。とくに絵を描くのが好きだった。ホームでは、毎週火曜日の午後、職員が交代で店員を務める喫茶店イベント・喫茶山科があるのだが、そのテーブルを飾るため、毎週5枚の絵を描いた。布や折り紙で色々な装飾品を作る手工芸も得意で、ほかの入居者に教える講習会を開くほどだった。それは、人気のイベントになった。

後藤さんの部屋は、アトリエ兼図書室のような雰囲気になっていた。部屋の真んなかに置かれたテーブルのうえには、絵の具や絵筆、色鉛筆などの画材が並んでいる。壁際に置かれたお洒落《しゃれ》な家具のうえには、ところ狭しと手工芸作品が並び、壁にはたくさんの絵が飾られていた。本棚にはたくさんの本が並んでいる。とても特別養護老人ホームの入居者の部屋には見えなかった。

洒落た椅子に座ってテーブルに向かい、絵を描いている。その向かいの椅子には祐介がちょこんと腰かけ、テーブル越しに後藤さんを見つめる。飽きてくると、ひょいっと隣のベッドに飛び移り、寝そべっていた。後藤さんも疲れると、一緒にベッドでゴロゴロするのだった。

居心地のよい後藤さんの部屋には、ほかの猫たちもよく遊びにきた。祐介と一緒にベッドで寝っ転がったり、思い思いに寛《くつろ》いでいた。

夜は、後藤さんと祐介は一緒にベッドに入り、枕を並べて寝ていた。夜、時おり後藤さんが目を覚ますと、目の前に祐介の顔があった。それは以前と変わらぬ生活だった。

私は祐介と一緒に暮らしているんだ。

こうしてずっと祐介と一緒なんだ。

一緒に寝ている祐介の顔を見るたびに、いまでも喜びを噛《か》みしめている。

後藤さんほど人生を謳歌《おうか》している入居者はほかにいなかった。それは祐介と一緒にいられるからである。その生活を職員たちは誇りに思っている。

「いまが至福のときです」

あるテレビニュースの取材時に答えた台詞《せりふ》である。

その台詞を聞いて職員たちは狂喜した。

職員たちが願っていることは、入居者の幸せである。入居者が「いまも幸せ」と言ってくれることである。「いまが一番幸せ」ということはあり得ないのはわかっている。入居者の人生のなかで、子供のころや青春時代、子育てのときなど、一番幸せな時期はほかにあるのだから。だから、「いまも幸せ」と言ってほしかった。一番ではなくても、いまも幸せであると。老人ホームを、不幸な生活の場にしたくはなかった。そう願って頑張っているのだ。

それが、まさか、「いまが一番幸せ」を超えて「いまが至福のとき」と言ってくれるとは。まさに、介護職員にとって至福の喜びだった。

後藤さんが入居して間もなく6年になる。いまも絵を描くことや手工芸作品作りを楽しんでいる。祐介は13歳と、だいぶ高齢猫になってきたが、まだまだ元気で、幸せそうに後藤さんに甘えている。ふたりの至福のときはいまも続いている。

※本書のイラストは、後藤さん（のモデルになった入居者）が描いたものです。特別養護老人ホームの入居者が描いたとは信じられない、素晴らしいイラストとの評価を各方面から得ています。

第❼話 愛犬と一緒に難病に立ち向かう

歳をとってから犬を飼うなんて無責任なことだ、なんでそんなことをするんだろう、と10年前は思っていた。しかしそれは、しょせん元気で、寂しさを知らない者の考えに過ぎなかったのだと、渡辺優子さんは思うようになっていた。10年前の自分は、60代でもまだまだ元気で、こんな病気にもなっていなかった。主人もまだ生きていたし、先代の愛犬のルルも元気だった。だから年老いた者の孤独がわからなかった。

いまならよくわかる。

渡辺さんは痛みに耐えながら、思うように動かない腕を必死に伸ばして、愛犬のナナを抱きしめた。この子がいなかったら、自分は寂しさに耐えられない。ひとりでは生きていけない。無責任だと言われようと、誰に責められようと、自分にはこの子が必要だ。

愛犬ナナはふんわりと毛の長い、2歳になるキャバリアの女の子である。上品な顔立ちで愛嬌があるナナは、2年前に娘さんの反対を押し切って買った、大切な家族だった。いや、家族以上に大切な、自身の一部みたいな存在だった。

「もう犬を飼うのは無理よ。絶対買っちゃだめよ」

先代の愛犬ルルが亡くなってから3カ月後、渡辺さんから犬を買いたいと相談を受けた娘の高田洋子さんは、猛反対した。

「だんだん病気も進行して、身体が動かなくなってきているのに、犬を飼うのは無茶よ。母さんの気持ちはわかるけど、絶対だめ。母さんも犬も共倒れになっちゃうわ」

渡辺さんは、進行性核上性麻痺という難病に侵されていた。進行性核上性麻痺は、だんだん身体が自由に動かせなくなっていく神経性の病気で、まだ治療法はない。2万人に1人という難病だった。

医療機関に勤めている娘の高田さんが、病気の兆候にいち早く気がついたおかげで、初期で発見でき、まだ生活に大きな支障はない状態だったが、なにしろ治療法が見つかっていない難病である。残念ながら、今後重くなっていくのは明らかだった。

「そうねえ、やっぱり無理かねぇ」

渡辺さんは大きくため息をついた。

このやりとりがもう、1カ月以上続いていた。娘の高田さんは渡辺さんが病気になって以来、少し遠方に住んでいるにもかかわらず、毎週来ている。そのたびに渡辺さんは同じことを相談していた。

もちろん理屈ではわかっていた。自分の歳で、しかもこんな病気を持っていて、いま犬を飼ったら、絶対に最後まで面倒をみることはできない。犬を不幸にしてしまうことは目に見えている。

でも……。

犬がいない生活は寂しくてたまらなかった。それまでの人生の大半を犬とともに生きてきた。子供のころ飼っていたシロから数えれば、ルルが実に6代目となるほどだ。犬がいない生活なんて考えてもみなかった。

それだけではない。ご主人を亡くした渡辺さんにとって、愛犬のルルは、大切な伴侶であり、心の支えだった。3年前にひとり暮らしになってからも、明るく過ごしてこられたのはルルのおかげだった。1年前に病気が見つかってからも、不安に押しつぶされずにすんだのは、ルルがいてくれたからだ。だが、そのルルが亡くなってしまってからは、孤独だった。心の支えがなかった。ご主人がいない寂しさと、病気の不安にとても耐えられなかった。

娘が反対するのはよくわかる。それでも、自分にはともに暮らしてくれる犬が必要なのだ……。

行きつけのペットショップで、とっても可愛いキャバリアの子犬が入ったのを見た渡辺さんは、とうとう我慢できず、衝動買いをしてしまった。それが、現在の愛犬ナナとの出会いである。

「えーっ、母さん、その子を買っちゃったの!?」

3日後、今度は高田さんが大きなため息をつく番だった。

しかし、高田さんも犬を3匹飼っている大の愛犬家である。渡辺さんの娘なのだから当然だろう。渡辺さんが犬を買ってしまった以上仕方ないと、なにかとナナの世話もするようになった。

それから1年間は、かろうじて平穏に過ごすことができた。だんだん身体が自由に動かなくなりながらも、まだ自力で歩くことができ、ある程度の家事もすることができた。週に1回、高田さんが来て、色々と手伝ってくれたり、買い物をしてくれることにより、渡辺さんとナナの生活は無事成り立っていた。

「母さん、最近ずっとリハビリに行っていないでしょ。だめよ、ちゃんと行かなきゃ」

お薬手帳に挟んである病院の領収証を見ながら、母親に文句を言った。

「リハビリをすれば、病気の進行が遅くなるんだから」

「わかっているけど、リハビリは痛いんだよ」

渡辺さんは、ナナを抱きしめて頬《ほお》ずりしながら答えた。

「ねー、ナナちゃんだって痛いのいやだもんね」

「なに言っているの。ナナは痛くたって、ちゃんと注射しているじゃない」

高田さんが笑いながら応じた。まあ、進行性核上性麻痺に対してリハビリがどこまで効果があるかわからないし、仕方ないか。こうやって笑いながら話せる日が続けばいいんだけど……。

しかし、そんな日々は長くは続かなかった。ナナを飼い始めてから1年ほどが経《た》ったころから、病気は徐々に重くなり、身体を思うように動かせなくなっていった。

高田さんは、なんとか都合をつけて、できるだけ週に2回、母親の家を訪れるようにしていたが、それでも渡辺さんの生活は追い詰められていった。

朝、目を開けると、一緒の布団で寝ているナナが喜んで顔をなめてくる。

「ナ…ナ。お…は…よ…う」

もはや口も自由に動かせなくなっていた。ナナに声をかけるのもひと苦労だった。動かない手をかろうじて伸ばして、ナナを撫《な》でてやる。ナナは喜んでいるが、渡辺さんは激痛に耐えていた。

布団から起き上がるのには、必死にならないといけなかった。70歳を過ぎたころから、起き上がりに楽なベッドで寝るようになっていたのだが、最近再び畳に布団を敷く形に戻っていた。ベッドから起き上がろうとして、転げ落ちてしまうからだ。布団のほうが起き上がりは大変なのだが、安全だった。

激痛に耐えながら、布団から這《は》い出た渡辺さんは、そのまま這うようにして、冷蔵庫に向かった。腰の高さしかない小さな冷蔵庫なので、這ったままの姿勢でも手が届く。娘さんが作り置きしてくれた惣菜《そうざい》と、ラップに包まれたご飯を取り出すと、ちゃぶ台のうえにある電子レンジに入れた。背の低い茶箪笥《ちゃだんす》から茶碗と皿を取り出す。冷蔵庫もちゃぶ台も電子レンジも茶箪笥も、すべて這ったままの姿勢で手が届くように、娘さんが寝室に配置してくれたのだ。

食事の準備ができ、必死の思いでちゃぶ台の前で横座りをすると、ナナが喜んで膝《ひざ》のうえに飛び乗ってきた。

「ナ…ナ…や」

渡辺さんは、こわばった頬をゆがめるようにして笑うと、肉じゃがをナナの口に入れてやった。大喜びで食べるナナ。これがナナのいつもの食事だった。ほうれん草のお浸しも、ご飯もナナは喜んで食べる。渡辺さんは、いつもナナの食事を優先しながら、同じ物を分け合って食べているのだ。

動きが悪い口でなんとか咀嚼《そしゃく》しながら、1時間近くかかって朝食を終えた。ナナはとっくに満足していて、布団のうえで寝そべっていた。渡辺さんは、使い終わった食器をウエットティッシュで拭《ふ》くと、小さなカラーボックスのうえに置いてあるカゴのなかに入れた。娘さんが来てくれたときに洗ってくれるのだ。それまでは汚れた食器をためておくしかない。そのため、娘さんは茶碗や皿を何セットも用意していた。

片づけが終わると、大きく息をついた。手も足も、口すらも動かすのが困難な渡辺さんにとっては、食事をとるのも大変な作業なのだ。ごろんと布団に横になる。ナナが喜んで飛びついてきて、顔をペロペロとなめてきた。動かない渡辺さんの頬が、それでもはっきりと緩《ゆる》んだ。どんなにつらくても、この一瞬は最高に幸せだった。こうしてナナと一緒に過ごせるから、悲惨な生活にも耐えていけるのだ。

「母さん、こんな生活長くは続けられないよ。老人ホームに入ったほうがいいわよ。ナナは私が預かるから」

最近、高田さんは折に触れて老人ホームを勧めるようになっていた。

老人ホームに入らないと生活が続けられないのは、渡辺さんもよくわかっていた。ナナのことが心配ないのもよくわかっていた。自分以上に愛犬家である娘は、絶対にナナをしっかり面倒みてくれる。ナナにとっても、そのほうが幸せに違いないだろう。

でも、いやだ。私がナナと離れられない。

私のわがままで、皆を不幸にしているのはわかっている。

でも、私はナナと離れて、ひとりで老人ホームに入るのなんて耐えられない。

絶対にいやだ。

無責任と言われようと、自分勝手と言われようと、ナナと離れたら生きていけない。

もう何回も繰り返し考えたことをまた思い返しながら、渡辺さんは激痛を我慢してナナを抱きしめ、涙を流していた。

＊　＊　＊

「母さん、ナナと一緒に暮らせる老人ホームがあるのよ！」

ナナと一緒に布団のうえでまどろんでいた渡辺さんは、予期せぬ時間に飛び込んできた娘の興奮した大声で目を覚ました。

最初、渡辺さんは娘さんがなにを言っているのかわからなかった。

「え…、いや…、だ…、よ…。老…人…ホー…ム…には…い…か…な…い…よ」

「違うの、母さん、ナナと一緒に暮らせるホームがあったのよ！」

高田さんは興奮して、母親の肩を掴《つか》んで揺さぶった。

「ナナと一緒にずっと暮らせるのよ！」

だんだん渡辺さんにも、娘が言っている内容がわかってきた。

動きづらい手が知らないうちに動いて、がっと娘の腕を掴んでいた。

なにかを考えるより先に、動きづらい口が勝手に開いていた。

「そこに行けば、ナナは安心なのかい？　ナナと一緒に暮らせるのかい！」

それは久しぶりに聞いた渡辺さんの大声だった。

＊　＊　＊

『さくらの里山科《さとやましな》』に入居を申し込んでから、実際に入居するまでは驚くほど早かった。高田さんからの入居相談を受け、母親の生活が限界であることを察した相談員は、渡辺さんの家が少し遠方にあったのにもかかわらず、即座に実地調査（実際に生活の様子を調べにいくこと）に向かった。それから2週間後には渡辺さんをナナと一緒にホームに迎え入れた。

ホームに入居して、十分な介護を受け、生活が安定すると、渡辺さんの状態は大幅に改善した。これはときどき起こることである。生活が安定し、栄養状態が改善され、しっかり介護を受けることにより、衰弱した身体が劇的に回復するのだ。残念ながら渡辺さんの場合は、単なる衰弱ではなく、進行性核上性麻痺という難病のため身体が動かなくなっているので、劇的な回復とまではいかなかったが、それでも生活状態は目覚ましく向上した。朝、職員に支えられて着替えと洗面をすませると、歩行介助を受けながら歩いてリビングに出てくる。時間をかけてしっかり朝食をとると部屋に戻り、ベッドではなく椅子に座って寛《くつろ》ぐ。もちろんその膝のうえでは、ナナが幸せそうに丸くなっていた。この生活は、大幅な向上と言えるだろう。いや、渡辺さんの病状を考えると、劇的な回復と言ってもいいのかもしれない。

「さあ、渡辺さん、終点まで歩いてください」

作業療法士の本橋由紀は、歩行訓練用の平行棒の脇《わき》に立って声をかけた。

渡辺さんは、動きづらい手で精いっぱい両脇の平行棒を握りしめ、2歩、3歩と歩いたが、それが限界だった。

「ダ…メ…、歩け…な…い」

苦痛に顔をしかめている。崩れ落ちそうになるのを、本橋は急いで支え、車椅子に座らせた。

どうやったら渡辺さんにリハビリをしてもらえるだろう。

本橋は悩んでいた。進行性核上性麻痺には治療法はない。しかし、体幹の筋肉が固くなる病気に対してリハビリは有効である。リハビリすることによって、ある程度病気の進行を遅らせることが可能だった。

実は、高田さんが『さくらの里山科』に入居を決めたのは、もちろんペットと一緒に入居できることが一番だが、常勤の作業療法士がいるということもあったのだ。作業療法士がいる特別養護老人ホームは多くはない。リハビリ専門職である作業療法士がいれば、少しでも病気の進行を遅らせられるのではないかと期待していたのだ。

本橋は高田さんの期待が痛いほどわかっていた。どうやったらそれに応えられるだろう。

渡辺さんは、リハビリを拒否しているのではない。むしろ気持ちだけは積極的だった。ひとり暮らしのときとは違い、ナナと一緒の生活が続けられるという希望が出てきた現在は、リハビリに意欲を示している。ナナと一緒にいるために頑張る、というのが口癖《くちぐせ》だ。

しかし、いくら気持ちがあっても、実際に肉体の苦痛に耐えられるかというと、話は別だった。苦痛に耐えてリハビリをするのはつらいものなのだ。

「ナナに一緒にリハビリしてもらえばいいんじゃない？」

打開策を思いついたのは、ユニットリーダーの坂田弘子だった。その思いつきに飛びついた本橋は早速《さっそく》、ナナと一緒にできるリハビリを工夫した。簡単なことである。ナナを乗せた車椅子を渡辺さんに押して歩いてもらうのだ。

「渡辺さん、もう少し頑張りましょう。ほら、ナナちゃんも応援していますよ」

本橋が声をかけると、タイミングよくナナがワンっと吠《ほ》えた。

渡辺さんが、動きづらい口元を緩め、ぎこちないけれど、心から嬉しそうな笑顔を浮かべた。

初めてナナと一緒に歩行訓練をしたとき、渡辺さんは1階の50ｍ以上ある長い廊下を歩き切ることができた。３ｍしかない平行棒を歩くことすらできなかったのに。

そこから渡辺さんのリハビリ訓練量は目覚ましい伸びを見せた。1カ月後には、廊下を2往復できるまでになっていた。手の動きもよくなった。口の動きはさらによくなり、ひとつの単語なら明瞭に言えるようになった。劇的に病状が改善されたのだ。ナナは渡辺さんに難病と戦う力を与えた。

そして、それはナナのリハビリにもなっていたのである。
それまで渡辺さんの部屋から出たことのなかったナナは、ホームに入居した直後は、渡辺さんのベッドに潜り込んでしまい、顔を見せようとしなかった。ナナにとって、大勢の人と大勢のワンコがいる世界は怖くてたまらなかったのだろう。
1週間経つと、部屋のなかはこわごわと歩けるようになってきたが、けっして部屋の外には出ようとしなかった。職員が部屋に入ってくると、すぐにベッドのなかに隠れていた。
それが、車椅子に乗せられて、部屋の外

どころか、ユニットの外、見知らぬ人が大勢行きかう1階まで連れてこられてしまったのだ。

だが、ナナは怯《おび》えていても、不安そうであっても、逃げようとはしなかった。もちろん、大好きなお母さん、渡辺さんと一緒だからである。

そうして渡辺さんの押す車椅子に乗って「お出かけ」する日々が続くにつれ、ナナの表情もだんだんと明るくなってきた。3カ月が過ぎたころには、すっかり笑顔で車椅子に座っているようになった。本橋が渡辺さんを迎えにいくと、喜んで本橋に飛びつくようになっていた。渡辺さんにとってのリハビリは、ナナにとっても社会に慣れるリハビリになっていたのである。

ふたりのダブルリハビリは、その後もずっと続いている。眩《まばゆ》い笑顔のナナが乗る車椅子を、やはり眩い笑顔で押す渡辺さんの姿は名物となった。

いまではナナは、ユニットのリビングを自由に動き回っている。色々な入居者に撫でてもらい、ほかのワンコたちと一緒に遊んでいる。まだ外に散歩に行くことはできないが、それも近いうちにできるようになるに違いない。

残念なことに渡辺さんの病気、進行性核上性麻痺は、その名のとおり症状が進行するもので、治療法はない。ナナが与えてくれた力を借りて、一時は病気に打ち勝ったように見えたが、再度症状は重くなっていった。

ナナを車椅子に乗せて歩くリハビリは1年半ほど続いたが、それ以上は無理だった。現在はROM（関節可動域）訓練を中心にしたリハビリに移行している。その傍《かたわ》らにはナナが座っている。渡辺さんと一緒にリハビリ室にやってきて、渡辺さんの訓練を見守っているのだ。ふたりのダブルリハビリは続いているのである。ふたりは力を合わせて、難病と精いっぱい戦っている。ふたりで過ごす一日一日こそが、難病に対する確かな勝利の証なのだ。

第8話　遺《のこ》された犬

もう真っ暗なのにお母さんは帰ってこなかった。

「ワォーン！　ワォォーン！」

ミニチュアダックスフントのジローは、寂しくなって、思わず遠吠《とおぼ》えをしてしまった。

いつもお母さんからお利口さんと褒《ほ》められているジローが大きな声で吠えることなど滅多にない。しかし、このときだけは言い知れぬ不安にとらわれ、吠えずにはいられなかった。

だが、いくら吠えてもお母さんは帰ってこなかった。

明かりのない家のなかで真っ暗な夜がやっと明けても、お母さんは帰ってこなかった。

こんなことは初めてだった。これまでお母さんがジローを置いて、夜帰ってこなかったことなどない。それどころか、半日以上ジローをひとりにすることはなかったのに。

不安な気持ちで眺めた夜明けの太陽が真上に昇り、やがて傾いて、眩《まぶ》しい夕日が窓から差しても、お母さんは帰ってこなかった。

ジローは空っぽになってしまった水入れの底を力なくなめた。昨日からなにも食べていないうえに、とうとう水までなくなってしまった。お腹《なか》はペコペコだし、喉《のど》はからからだった。

「クォーン」

夕闇に包まれてくると、ますます不安になって遠吠えを繰り返した。もはや吠える声にも力がこもらないが、それでも叫び声がお母さんに届くと信じて、精いっぱい吠えた。しかし、いくら叫んでもお母さんは帰ってこなかった。

ガチャリと玄関が開いた。

やっとお母さんが帰ってきた！

喜び勇んで玄関にダッシュしたジローの前に立っていたのはお母さんではない、別の女の人だった。

「ごめんね、ジロー。すぐ来てあげられなくて。お腹空《す》いたよね」

お母さんではないが、よく知っている人だったのでキュン、キュンと、甘え声を出して鼻をすり寄せていった。

「ジロー、寂しかったよね、ジロー」

なぜか女の人は涙を流しながら撫《な》でてくれた。いっぱい、いっぱい撫でてくれた。

「キャウン！」

お母さんではないことにがっかりしながらも、空腹に耐えかねておねだりをした。いつもお母さんがやさしい目だと言ってくれるつぶらな瞳で見上げると、女の人は泣き崩れてしまった。

もうどんなに待っても、あなたのお母さんは帰ってこないんだよ。

女の人は泣きながら抱きしめてくれた。

その女性はケアマネジャーの立花恵だった。ケアマネジャーとは、要介護高齢者の相談支援を行う専門職である。この家で暮らしていた高齢者、ジローの飼い主である浅沼洋子さんは『さくらの里衣笠』と契約しており、立花が担当していたのだ。浅沼さんは、昨日、突然逝去《せいきょ》されたのである。

浅沼さんには身寄りがいない。近所には浅沼さんを少しは気にかけてくれる人が何人かはいたが、その人たちは浅沼さんの家に入ることはできない。犬好きの立花は、遺されたジローのことが朝からずっと気になっていたのだが、業務に追われていて、夕方になるまで来れなかったのだ。

「ごめんね、ジロー、お腹空いたよね。ご飯にしようね」

立花は涙を拭《ふ》くと、まずはたっぷりとご飯をあげた。ジローが夢中になって食べているあいだにテキパキと水入れを洗って水を入れ、トイレの始末をしていく。浅沼さんの生活については細かなところまで把握していたので、ドッグフードやペットシーツ（犬用トイレに敷く紙）がどこにしまってあるのか、迷うこともない。

「ジロー、お母さんはもう戻ってこないんだよ。可哀そうにね、ジロー」

やっと人心地《ひとごこち》がついて、立花の膝《ひざ》のうえで丸くなったジローを見ていると、また涙がにじんでしまった。ジローも、寛《くつろ》いではいるのだが、不安そうな瞳で見上げている。

寂しそうなジローを置いて家から出るときには、後ろ髪を引かれる思いだった。

「キャン！　キャン！」

扉の向こうから寂しそうな声が聞こえてくる。

立花が勝手に照明をつけっぱなしにする訳にはいかないので、家のなかはもう真っ暗である。ジローはまた、真っ暗ななか、ひとりぼっちで不安な夜を過ごさないといけないのだ。

早くなんとかしてあげないと。このままじゃ、ジローの命が危ない。

立花は、最近新聞で読んだ市内での悲惨な話を思い出していた。ひとり暮らしの老人が亡くなった部屋で、半年後、餓死《がし》した犬が見つかったというニュース。ジローをそんな悲惨な目にあわせる訳にはいかない。

立花は心のなかで決意すると、その場で理事長に電話を入れた。立花が勤める『さくらの里衣笠』と同じ法人が運営する『さくらの里山科《さとやましな》』にジローの受け入れを頼むためである。

幸い、このときは犬を受け入れられる余裕があり、翌日には立花と一緒に、2の1ユニットのリーダー・坂田弘子がジローを迎えにいった。

「アウン！　アウン！」

ふた晩も真っ暗な家で、ひとりで過ごしたジローはよっぽど寂しかったのだろう。立花の胸にすがりついてきた。立花は涙をにじませながらジローに頬《ほお》ずりをした。

こうして、遺された犬ジローは生き延びることができたのである。

ホームに着いたジローはほっとした様子だった。大勢の人やワンコと一緒に過ごすのは初めてだったに違いないが、慣れない環境への不安よりも、真っ暗な夜をひとりぼっちで過ごさなくてよい安心感のほうがまさっていたのだろう。

高齢の浅沼さんと暮らしていたジローは、やはり高齢者とは相性がいいようで、多くの入居者とすぐに仲よくなった。時おり寂しそうな顔は見せるものの、入居者たちに可愛がられて嬉しそうだった。

＊　＊　＊

それから5年、ジローはいまでもホームで幸せに暮らしている。13歳を超え、目は白内障でほとんど見えなくなり、耳も遠くなった。一日の大半を寝て過ごしているけど、食欲旺盛でまだまだ元気である。

この子が幸せで本当によかった。

よぼよぼになったジローを撫でながら、立花は心から思った。

いまでも立花は時おりホームに立ち寄ってジローに会っていく。ジローは、自分を助けてくれた人だとわかっているのだろう、立花が来ると大喜びした。その姿を見るのが立花にとってなによりの楽しみであり、癒やしなのである。

第9話

夜明けの散歩

爽《さわ》やかな朝の光のなかを文福が軽快な足取りで歩いていく。

文福は散歩のとき、実に嬉しそうに歩く。近所に人から、「こんなに嬉しそうに散歩する犬、見たことがない」と言われるほどである。

「文福、今日もご機嫌だね～」

ユニットリーダーの坂田弘子が声をかけると、文福は誰もが魅了されるチャーミングな笑顔で見上げ、ワンっと陽気な声を上げた。

「よしっ、文福、ちょっと走ろうか！」

楽しくなってしまった坂田は、リードを引っ張り、街路樹が並ぶ緑道公園をダッシュした。文福が躍るような足取りでついてくる。

「私、なにやっているんだろう。夜勤明けなのに朝っぱらから」

ハッハっと荒い息をつきながら立ち止まった坂田は、自分の単純さに思わず苦笑してしまった。夜勤を終えてくたくたに疲れているのに、寝不足で頭がジンジンするのに、好きで犬の散歩に行こうというのだから。

文福は相変わらず能天気な笑顔を向けてくる。

「いい子だねー、文福」

坂田は文福を撫《な》でてやり、ついでに顔をワヤクチャにしてやった。

本当に物好きだよねー、私も。

自分に呆《あき》れて、もう一度苦笑してしまう。

夜勤明けに、ボランティアで散歩しているなんて、自分でも呆れちゃう。

大変な夜間勤務が終わり、やれやれ、やっと帰れると思っていたとき、ふと今朝のお散歩ボランティアが休みだったことを思い出してしまったのだ。

よし、せっかくだから私が散歩に行ってやるか。

久しぶりに文福と散歩しようと思ったら、もういてもたってもいられなくなったのだ。

夜勤の疲れなんてどこかに吹っ飛んでいた。

もちろん、お散歩ボランティアが休みのときは、勤務中の職員が散歩に行くことになっている。わざわざ夜勤明け、つまり非番時間に入っている坂田が散歩に行く必要はない。しかも、本来勤務中の職員が行くはずの散歩を坂田が行っても、残業扱いにはならない。それがわかっていて坂田は、ボランティアで文福の散歩に行くことにしたのだ。

気持ちのよい朝の空気を吸いながら、嬉しそうに歩く文福を見ていると、身体の芯から緩《ゆる》やかに疲れが溶け出していくのが感じられた。身体の疲れは取れないだろうが、夜勤でたまったストレスがすーっと消えていくように感じられた。代わりに爽やかな気分が身体に充填《じゅうてん》されていく。

「文福、お前とこうやって歩いていると、いやなこと全部忘れられるよ」

坂田がすっきりした明るい声をかけると、文福はまた、ワンっと陽気に吠《ほ》えた。

「ようし、今日もまた一日頑張ろう！」

あとは家に帰って寝るだけなのに、坂田は思わず伸びをしながら太陽に向かって声を上げていた。

第⑩話 虹の橋からのエール

世界中のペット愛好家のあいだで広く知られている「虹の橋」という伝説がある。亡くなったペットたちは、天国の手前にある虹の橋で楽しく過ごしながら、大好きな飼い主さんとの再会を待つ、という伝説である。

ホームでも虹の橋に逝《い》ってしまった子は大勢いる。入居者と一緒に来た愛犬、愛猫は高齢である場合が多いのと、保護犬、保護猫は病気の子を優先して選んでいるためである。

虹の橋に逝ってしまった子が多いのは悲しいことだが、その子たちはいまでも入居者を励まし、癒やしつづけてくれている。ホームの入居者には、虹の橋からのエールが届いているのだ。

職員たちが、虹の橋からのエールを明確に意識したのは、2の1ユニットの山田吉江さんと犬のアラシの別れのときである。

山田さんは重度の認知症だった。昼間はあまり認知症の症状は出なかったが、夜になると別人のようになった。夜になると出る認知症の症状、それは幻覚と不安症だった。夜、見えないなにかに怯《おび》えていた。しきりに「怖い、怖い」と言って、むやみに部屋のなかを動き回る。ときには恐怖のあまり、泣き叫ぶこともあった。

そのために夜間しっかりと眠れないものだから、昼間は半睡半覚《はんすいはんかく》のような状態で、いつもうつら、うつらしていた。食欲もわかず、食事はいつも半分以上残していた。なにしろ、食べている途中、口に食べ物が入っている状態で眠ってしまうのだ。食事量が少なければ、栄養状態は悪くなり、それに伴い体調も悪くなる。体調と精神状態が悪化すれば認知症は一層悪化し、夜間の幻覚もさらにひどくなる、という悪循環に陥《おちい》っていた。もちろん職員は認知症専門の精神科の医師と相談しながら、薬物治療をはじめ色々なケアを行い、状態を改善しようとしたが、なかなか成果が上げられないでいた。

そんな山田さんに、劇的な変化をもたらしたのは、犬のアラシだった。

アラシは保護犬である。動物愛護団体『ちばわん』が保健所から引き取り、ホームに託した犬だった。アラシは深刻な持病を持っていた。テンカン発作である。それも重度の発作だった。テンカン発作が起こると、アラシは泡《あわ》を吹いて痙攣《けいれん》し、意識を失ってしまう。

便を漏らすこともあった。そんな病気を持っているので、里親を探すのは難しいと『ちばわん』は判断し、ホームに託したのだ。

アラシはいじらしい犬だった。犬たちがおやつをもらうために集まっているときなど、皆の輪から離れて、物陰からそっと見つめていることが多かった。職員からご飯をもらうときも、「本当に食べていいの？」という感じに職員の顔とご飯を見比べて、おずおずと食べ始めるようなところがあった。それはきっと、アラシの半生が影響していたのだろう。ホームに来たとき、アラシは推定1〜2歳とまだ非常に若かったが、病気のため辛酸《しんさん》をなめてきただろうことは想像に難《かた》くなかった。きっとテンカン発作が起きたために飼い主に捨てられたのだろう。職員や入居者が撫《な》でようとして手を伸ばすと、びくっと身をすくませる姿からすると、虐待をされていたのかもしれない。アラシのおどおどと怯える仕草を見て職員は皆、心を痛めていた。

そんなアラシの様子をもっとも気にかけていたのが山田さんだった。

「あの可哀そうなワンちゃんはどこなの？」

リビングに出てくるとまずアラシの姿を探すようになった。

「ほら、アラシ、おいで」

「アラシ、こっちでおやつをお食べ」

いつもアラシを気にかけ、やさしい声をかけていた。

すぐにアラシも、山田さんを見かけると、その足元に寄っていくようになった。山田さんが手を伸ばしたときだけは怯えず、嬉しそうに撫でられていた。ほどなくアラシは、山田さんが部屋に戻るとき、一緒についていくようになった。

そこから、山田さんの部屋で夜も一緒に過ごすようになるまで時間はかからなかった。アラシは、テンカン発作が起きたときに暴れて身体を傷つけないよう、寝るときは小さなケージに入れるようにしていたのだが、そのケージは山田さんの居室に置かれるようになった。

こうして、ふたりはいつも一緒にいるようになった。同じ部屋で寝て、一緒にリビングに起きてくる。リビングではアラシはいつも山田さんの足元で丸まっていた。山田さんがトイレやお風呂のときは、扉の前でじっと待っていた。

つらい目にあってきたアラシには、アラシを、アラシだけを特別な存在として愛してくれる人が必要だったのだろう。もちろん職員もほかの入居者もアラシのことを可愛がった。しかし、アラシだけを可愛がるのではなかった。職員は皆、すべてのワンコを分け隔《へだ》てなく可愛がっていた。それだけでは足りなかったのだ。アラシには、自分だけをオンリーワンとして可愛がってくれる人が必要だった。

山田さんと一緒にいるようになってからは、アラシは誰の目にも明らかなほど、イキイキとしてきた。相変わらずワンコの仲間の輪には入らず、離れたところからそっと見つめていたが、その傍《かたわ》らには山田さんがいた。もう、物陰から見るのではなく、山田さんの足元から安心して見ていたのだ。自分だけを可愛がってくれるパートナーを得たアラシは輝いていた。

パートナーを必要としていたのは山田さんも同じだった。アラシは山田さんを必要とし、山田さんにもアラシが必要だったのだ。

「昨日《きのう》の夜、山田さんぐっすり眠っていましたよ」

職員たちは夜勤に入ったとき、すぐに山田さんの変化に気がついた。少し前までは、あれほど夜に怯えていたのに、泣き叫んでいたのに、いまはぐっすり眠っているのだ。

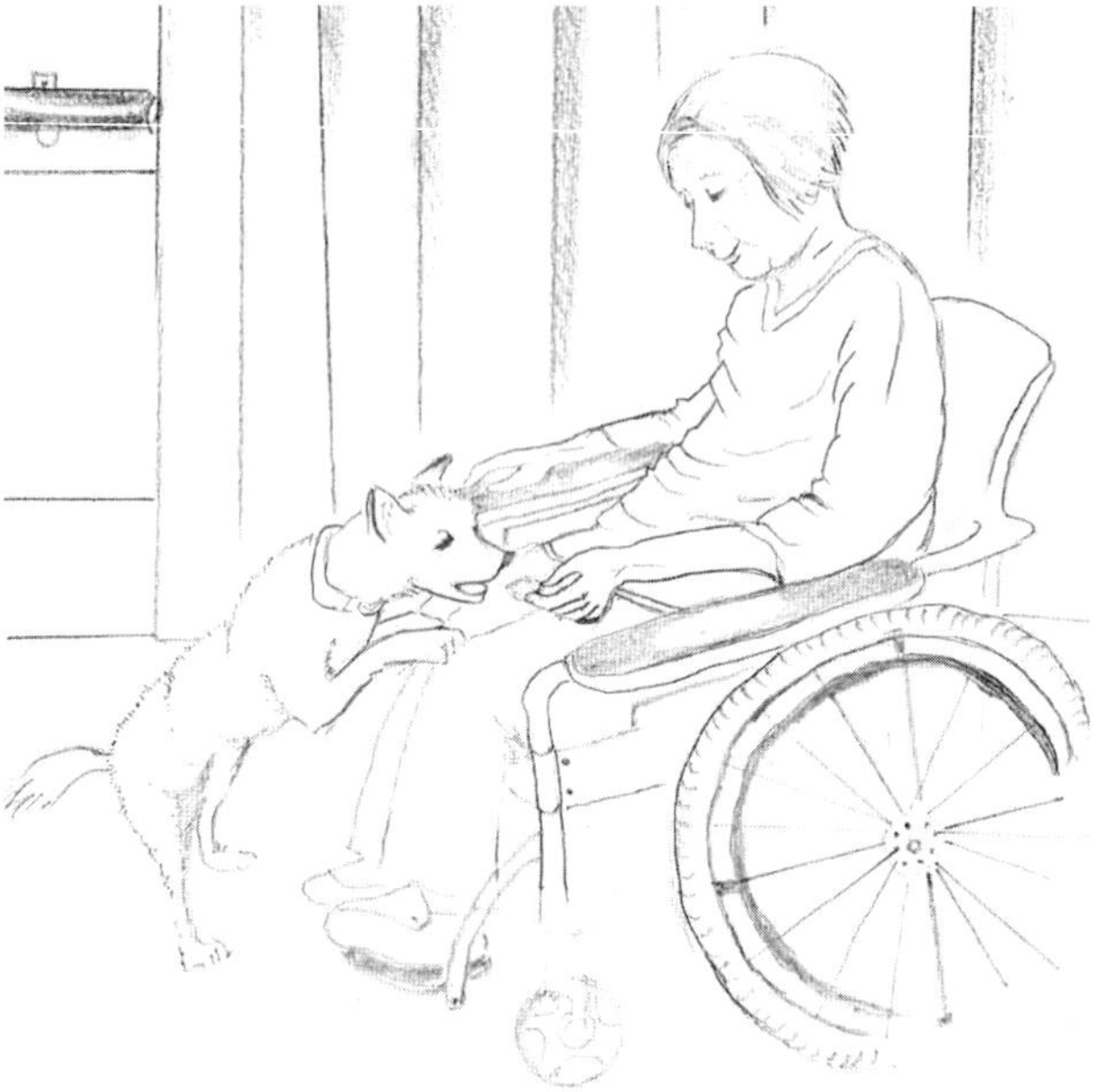

「アラシがいてくれれば夜も怖くないですね」

リーダーの坂田弘子が話しかけると、山田さんはこぼれんばかりの笑みを浮かべた。

「そうなのよ。この子がいてくれるから安心なの」

足元にうずくまっているアラシを撫でながら嬉しそうに話してくれた。

「じゃあ、もう、怖い物もいなくなりましたね」

坂田は一歩踏み込んだ質問をしてみた。介護職員として、山田さんの状態を正確に把握したいという思いからだが、実は純粋に好奇心もあった。犬の存在は、認知症の幻覚症状を治すことができるのだろうか？

だが、答えは予想外のものだった。

「ううん」

と山田さんは首を横に振った。

「夜になると怖い物が出てくるの。でもアラシがいてくれるから、安心なの」

幻覚症状は治った訳ではなかったのだ。

坂田は感動的な思いにとらわれていた。認知症の幻覚症状や不安症状は変わらないのに、アラシの存在はそれを上回る安心感をもたらしているのだ。山田さんとアラシの絆は認知症に打ち勝ったのだ。

夜、しっかり眠ることができるようになり、生活リズムが安定した山田さんは見違えるように元気になった。食欲が復活し、毎食しっかり食べることにより、体力がついてきた。体調がよくなれば、食欲も増す。夜は一層熟睡できるようになる。悪循環が見事に好循環に転換していた。

ついには、アラシと一緒に散歩にまで行けるようになった。もちろん山田さんが歩けるのは短距離なので、あとは車椅子に乗り、アラシのリードを握るのも職員やボランティアだが、それでも一緒に散歩に行けるようになったのだ。

一緒に歩く山田さんとアラシの顔は幸せそのものだった。

山田さんのおかげでアラシは生きる喜びを得た。アラシのおかげで山田さんは健康を取り戻した。ふたりは、互いの存在を必要としていたのである。

魂の絆で結ばれたような、ふたりの生活は2年間続いた。当初、『ちばわん』のスタッフは、テンカンがある子は、内臓など色々な場所に障害があって長生きできないかもしれないと言っていたが、アラシは山田さんとの青春時代を謳歌《おうか》していた。

だが、別れは突然来た。

「アラシや〜、もうご飯食べないのかい？」

亡くなる3日前、夕飯の半分以上を残していたアラシを気遣《きづか》って山田さんが声をかけていた。その声に気がついた坂田が様子を見ると、アラシはお気に入りのクッションのうえにぐったりと横たわっていた。その日のお昼ごろまでは普段と変わらなかったのに、急激な変化だった。

「アラシや、大丈夫かい？」

それでもアラシは、山田さんが撫でると顔を上げて、嬉しそうに尻尾《しっぽ》を振った。

これなら大丈夫かな。少し様子を見てみよう。

このとき坂田は軽く考えていたが、翌朝アラシはまったくご飯を食べようとしなかった。弱々しい足取りでケージから出てくると、山田さんのベッドの脇《わき》で、ベッドに上げてくれと訴えていた。

「アラシや、調子が悪いなら、ここにおいで」

山田さんはナースコールを押して職員を呼んだ。職員がアラシを持ち上げて、山田さんの隣におろした。アラシは弱々しく、しかしそれでも嬉しそうに尻尾を振った。

アラシの状態がただごとではないと悟った坂田は、急いで動物病院に連れていったのだが、そこで多臓器不全症で手の施《ほどこ》しようがないと言われた。

その日も、翌日も、アラシは山田さんのベッドのうえか自分のケージのなかか、どちらかでぐったりと寝ていた。少しだけ苦しそうな息遣《いきづか》いを見せていたが、山田さんと一緒にベッドに入っているときは幸せそうだった。

亡くなる前日の夕方、ケージのなかで寝ているアラシの名前を呼んで、山田さんが手を伸ばすと、アラシは精いっぱいの力を振り絞ってケージから這《は》い出てきた。そして山田さんの手に頭をこすりつけた。何度も、何度も頭をこすりつけた。それはまるで、山田さんにお礼を言っているように見えた。

「本当に、アラシが『ありがとう』って言っている声が聞こえたような気がしたんです」

その光景を見ていた職員は、のちに坂田に涙ながらに語った。

翌朝、アラシは山田さんの腕のなかで静かに息を引き取った。最後まで幸せそうな顔だった。

「アラシや」

山田さんはアラシを抱きしめて嗚咽《おえつ》していた。

＊　＊　＊

アラシがいなくなったのち、山田さんの夜への恐怖がまた復活するかもしれないと職員は恐れていた。また夜が怖くて眠れなくなり、生活リズムが狂い、体力も落ちていくだろうと。だが、それは杞憂《きゆう》だった。夜を恐れることはなかったのだ。

「大丈夫ですか、夜眠れますか？」

坂田が恐る恐るたずねると、素敵な笑みを浮かべてくれた。アラシと一緒に暮らしていたときと同じ素敵な笑顔である。

「平気よ〜、だってアラシが守ってくれるんだから」

そのセリフを聞いた職員は皆、同じ疑問を抱いていた。

それって、アラシの魂はここにいるという、よくある比喩的《ひゆてき》な表現だろうか？

それとも、本当にアラシの霊がここにいて、山田さんだけに見えているのだろうか？

それとも、山田さんは認知症のため、アラシが死んだことが理解できていないのだろうか？

皆、同じ疑問を抱いて、次の瞬間は同じ解答にたどり着いたのだった。

どれだっていいじゃないか！

アラシは、亡くなったあとも山田さんを守ってくれているのだ。虹の橋からエールを送り続けてくれているのだ。山田さんがアラシに守られているのには違いないのだから！

山田さんが夜、幻覚に怯えて眠れないということは、その後もまったく起きなかった。アラシが虹の橋から送ってくるエールに励まされ、幸せな暮らしを1年続けたのち、山田さんは穏やかに旅立った。きっと虹の橋で再開したアラシと固く抱き合ったことだろう。

＊　＊　＊

特別養護老人ホームにとって、「死」は避けられないものである。入居者は80歳代後半以上の方が多く、重度の方ばかりである。そして、犬や猫の「死」も避けられないものだった。入居者の「死」も、犬や猫の「死」も、何回も体験していた。

それなのに、いや、それだからこそ、職員たちは死をも超える強い絆の存在を感じている。その絆を感じることに励まされ、死別のつらさを乗り越えることができている。

虹の橋からのエールは、入居者と職員を力強く励ましている。

第⓫話

文福に心とかされ

正面玄関に十数名の職員が集まっていた。白いライトバンは、２回クラクションを鳴らすと、しずしずと動き出した。職員たちが一斉に頭《こうべ》を垂《た》れた。田口優花も涙を流しながら項垂《うなだ》れていた。

お昼過ぎに逝去《せいきょ》された入居者の見送りである。この日早番だった田口は、もう勤務時間は終わっていたのだが、入居者の見送りをしたくて残っていた。

見送りが終わっても、そのまま帰宅する気分になれず、田口はもう一度ユニットに戻ってみた。

「文福〜、お前は偉いね。毎回、毎回、ご入居者様に寄り添って看取っているものね」

ぐったりしてケージで寝ている文福の耳の下をそっと撫《な》でた。

「グゥン」

文福は甘え声を出して、田口の手に顔をこすりつけてきた。

文福は疲れたときはいつも自分のケージに入って寝ていた。普段は誰か入居者のベッドや、リビングのソファーや、床のうえなど、好きなところで自由に寝ているのだが、本気で休みたいときは自分のケージに入る。逝去された入居者に2日間寄り添っていた文福は、疲労困憊《こんぱい》、とまではいかなくても、かなり疲れた様子だった。

「私はまだおふたりしかお見送りしていないのに、悲しくて、もう耐えられないかもしれない」

文福を撫でながら深いため息をついた。

専門学校を出てまだ1年も経《た》っていない若い田口にとって、毎日世話をしてきた入居者が亡くなるのは、非常につらいことだった。

もしかしたら、私はこの仕事に向いていないのかもしれないな。

田口はユニットの端《はし》の非常ドアの前に行くと、膝《ひざ》を抱えて座り込んだ。冬場なので、もうあたりは夕闇に包まれている。暗がりのなか、気持ちも沈み込んでいた。

まだおふたりなのに、こんなにお別れがつらいなんて。

もうこれ以上耐えられないかも。

しかも、いくらつらいからって、記録を間違えちゃうなんて。

実はこの日、田口は大きなミスをしてしまったのだ。

当たり前のことだが、ひとりの入居者が逝去されたからといって、ほかの入居者の介護の仕事をしないでいい訳はない。逝去の直後、田口はある入居者のオムツ交換をしたのだが、その際に排便があった（オムツに便をしていた）にもかかわらず、それを記録し忘れてしまったのだ。

小腸・大腸の機能が弱っている高齢者にとって、便秘は深刻な事態につながりかねない恐ろしい症状である。そのため、便秘症の入居者ひとりひとりの状態に合わせて、排便が3日なかったら下剤を服用する、などの条件が決まっていた。だから排便の記録は非常に重要なのだ。排便に限らず、介護における記録は、命に関わる恐れもある重大業務だった。いくら入居者の逝去がショックだったとはいえ、それを忘れてしまうことは許されない。

田口は深く落ち込んでいた。

膝に顔を伏せてすすり泣いていた田口は、隣からやさしい感触が伝わってきて、顔を上げた。

文福が寄り添うように座っていた。ついさっきまで疲れてケージのなかで寝ていた文福が、いつの間にか隣に来ていたのだ。

コトリともたれかかるようにして、田口の肩に頭を載せてきた。

「文福～、慰《なぐさ》めてくれるの」

田口は文福に腕を回して抱き寄せた。

文福は穏やかな眼差しで田口の顔をじっと見つめた。

「ありがとね、文福」

そのまま田口は文福に寄りかかるようにして座っていた。文福の身体からじんわりと温かさが伝わってくる。その温かさは、田口の身体の芯まで届き、凍《い》てついた心を少しずつとかしてくれた。暗く閉ざされていた空間に光が差したかのように感じられた。

「うんっ！　ありがとっ！　文福、元気出たよ」

田口は両手で力いっぱい文福を抱きしめた。

「ワフッ」

文福も元気よく吠《ほ》えると、勢いよく田口の顔をなめ回した。

「そうだよね、文福。お前はもう何人ものご入居者様を看取ってきたんだもんね。それでもこんなに明るく元気で、ご入居者様を笑わせてくれるんだもんね。私も頑張らないと！」

ワシャワシャと両手で顔を撫でてやる。文福はいつもの最高の笑顔を浮かべていた。文福は人の気持ちを察する天才だった。多くの職員が文福に励まされていた。多くの入居者が文福に慰められていた。文福の人に寄り添う力も、ささやかな奇跡と言えるかもしれない。

第⑫話

鼻水を垂《た》らした天使

トラは不思議な魅力のある猫だった。

決して美猫ではない。それどころか、正直に言って見かけはお世辞にも綺麗《きれい》とは言いがたかった。野良猫時代にケガをした左耳の半分は手術でカットしてある。持病の肺炎のためいつも鼻水を垂らしていて、目やににもひどかった。顔立ち自体はなかなか可愛いものの、鼻水と目やにのために台無しになっていた。

そんな状態であるにもかかわらず、トラに会う人は一発でその魅力の虜《とりこ》になった。猫ユニットに見学にきた人々は皆、トラが一番のお気に入りだった。トラが暮らす2の3ユニットには、ツンデレだが美しい黒猫のクロとか、とってもフレンドリーなアマとか、可愛い顔をした甘えん坊の太郎とか、見栄えのよい猫が揃《そろ》っていたのだが、訪れた人はどの猫よりもトラを気に入るのだった。

人間が大好きなトラは、見学者が来ると喜んで足元にすり寄っていく。そして、ひとりひとりの脚に身体をこすりつけて歓迎の挨拶《あいさつ》をする。皆これだけで心を鷲掴《わしづか》みにされてしまう。見学者が女子高生である場合など、鼻水を垂らしているトラが身体をこすりつけてきたらいやがりそうなものだが、実際には歓声を上げてトラを撫《な》でるのだ。トラの魅力は不思議としか言いようがなかった。

トラの魅力の虜になったのは、もちろん入居者も職員も同じだった。いや、入居者と職員こそがトラの熱烈なファンだった。職員は全ての猫を公平に世話し、平等に可愛がっていたが、トラを撫でる手つきがひと際やさしいのは隠しようがなかった。

いつも色々な入居者がトラを膝《ひざ》に乗せ、話しかけていた。トラは幸せそうに入居者の膝に顔をこすりつけながら話を聞いていた。それだけで、入居者の心は癒やされるのだ。トラのおかげで、2の3ユニットの入居者は皆とっても落ち着いていた。トラは素晴らしい癒やしの力を持っていたのである。

ペットセラピーの専門家が見学に訪れた際、トラと入居者の様子を見て感嘆《かんたん》して言ったものである。この子はどんな訓練を受けたセラピードッグもかなわないアニマルセラピー※を行っていると。トラと一緒に暮らした全ての入居者がトラに癒やされ、救われていた。

※アニマルセラピー〈動物介在療法〉とは、ペットと触れ合うことによって、病人や高齢者が癒やされ、元気づけられるものです。一定の訓練を受けた犬が行うのが一般的です。

そのなかでも、もっともトラに救われたのが斎藤幸助さんである。斎藤さんは、猫好きの入居者が揃っている2の3ユニットのなかでも一番の猫好きだった。子供のころから長年にわたって飼ってきた猫は、実に50匹以上！　斎藤さんにとって、猫は生活の一部だった。

しかし、奥さんが亡くなったのをきっかけに新しい猫を迎え入れるのをあきらめ、数年後に最後の猫が虹の橋に旅立ってからは、猫と一緒には暮らしていなかった。斎藤さんはみるみるうちに元気をなくし、さらに認知症を発症してしまった。斎藤さんにとって、猫と一緒に暮らせないなら、生きている意味がなかったのかもしれない。

父親の状態を心配していた息子さんは、猫と一緒に暮らせる特別養護老人ホーム（特養）がオープンすると知ると、真っ先に申し込んできた。猫ユニット一択の申し込みである。ほかの特養はもちろん、一般ユニット（犬や猫がいない普通のユニット）も希望せず、どれだけ待ってもいいから、猫ユニットに入りたいという希望だった。

そうして、斎藤さんはホームで、再び猫と一緒の暮らしを取り戻した。

斎藤さんが初めてユニット玄関の扉を開いたとき、小さな猫がトコトコと走ってきた。

斎藤さんの脚に身体をこすりつけ、可愛い声でニャアと鳴いた。その瞬間、斎藤さんの顔が輝いた。比喩的《ひゆてき》表現ではない。一緒にいた職員が驚いたほど、鮮やかに顔色が変わったのである。まるで光が差し込んだように、周辺の空間まで輝いているように感じられた。

そして、斎藤さんの認知症は入居してしばらくすると、劇的な改善を見せたのである。どんよりと曇《くも》っていた目に、強い意志の光が灯《とも》った。いつもぼんやりとした表情だったのが、イキイキと躍動する顔に変わった。

身体能力も大幅に改善された。認知症の影響で自ら動こうとしない生活が続いたため足腰が弱ってしまい、自宅では半分車椅子の生活になっていたが、ホームでは車椅子が不要になった。手すりに掴《つか》まりながら、自分の脚でしっかり歩けていた。

斎藤さんとトラは最高のパートナーとなった。斎藤さんが椅子に座ると、すぐにトラが飛び乗ってくる。すると斎藤さんは大きな歓声を上げてトラを抱きしめるのだった。

斎藤さんがソファーに座っているときは、その横にトラが寄り添っている。洗面台で歯を磨いているときは、その足元にトラがスリスリと身体をこすりつけている。もちろん、夜は斎藤さんのベッドに入って一緒に寝ていた。ただし、斎藤さんはトラとずっと一緒に寝ていると思っていたが、実際にはトラはほかの入居者のベッドにも浮気しているので、夜中は一緒にいなかったのだが。

斎藤さんは歌も好きで、よくリビングの床に座り込んで、三波春夫や北島三郎の曲を歌っていた。その光景は見ものだった。

斎藤さんが床のうえに胡坐《あぐら》をかくと、すぐにトラがやってきて脚のあいだに、ちょこんと鎮座《ちんざ》する。そして斎藤さんが歌声を張り上げると、甘えん坊の太郎が脇《わき》にすり寄ってくる。反対側にはフレンドリーなアマが寝そべっている。さらには、ツンデレのクロまでが、さりげなく斎藤さんの背中にくっついている。

猫に囲まれて。その中心に座る斎藤さんは、少し調子が外れた歌声を響かせている。まるで昔話のワンシーンのような光景だった。

＊　＊　＊

「俺は、トラに看取ってほしいんだよ」

息子さんが聞いたら愕然《がくぜん》としそうなセリフが、口癖《くちぐせ》になった。毎日のように、トラを膝に乗せて撫でながら、このセリフを繰り返した。

職員が驚いたのは、リハビリにトラが付き合うようになったことである。生きる希望を取り戻した斎藤さんは、リハビリにも意欲的で、シルバーカートを押して歩く訓練を自らするようになった。ユニットの端《はし》から、隣のユニットの端まで50mある廊下を、シルバーカートを押して何往復も歩くのだ。自宅で暮らしていたころからは信じられないと息子さんは驚愕《きょうがく》していた。

そして、斎藤さんが押すシルバーカートのうえには、ちょこんとトラが乗っていた。誰に教えられた訳でもないのに、トラが自ら乗るようになったのだ。斎藤さんがリハビリを始めて、数回後にはもうトラはカートのうえに乗っていた。

気まぐれなはずの猫が、揺れるカートのうえに何十分もじっと座っているのだ。信じられないことだった。まるで斎藤さんがリハビリしていることをトラはわかっていて、応援しているように見えた。

＊　＊　＊

中村康代さんもトラに癒やされ、救われたひとりである。

ご主人を亡くし、自分も身体を壊して歩けなくなり、車椅子生活になった中村さんはすっかりふさぎ込むようになっていた。笑顔がなくなり、言葉も発しなくなっていた。手は動くので、車椅子を操作することはできるのだが、自ら動くことはほとんどなかった。

そんな中村さんの生活が、トラによって劇的に変わった。

「トラ、おはよう」

朝起きると、トラを探してユニットのなかを車椅子で動き回った。なにしろトラは、色々な入居者のベッドに入っているので、どこにいるかわからない。そうやって車椅子でユニット中を動き回るのは、とてもよい運動になった。いい運動になるので食欲も増す。

毎日運動して、食事をとれば体力がつく。中村さんは見違えるように元気になった。

「ほら〜、トラちゃん、こっちにおいで」

キャットタワーに上っているトラに手を伸ばす。トラが喜んで膝に飛び降りてくると、やさしくブラシをかけてやった。トラはゴロゴロと喉《のど》を鳴らしている。

「あら、トラ、また鼻水が出ているじゃない」

病気のためいつも鼻水を垂らしているトラの鼻を、ティッシュでやさしく拭《ふ》いてあげた。

そうやってトラのために腕を動かすことも、いいリハビリになった。高齢者が身体を動かさないでいると、身体が動かなくなってきたり、健康に異常をきたすことを廃用症候群と言う。廃用症候群の症状のひとつに、手足の関節が固まってしまう拘縮《こうしゅく》がある。中村さんは腕の拘縮が始まりかけていたのだが、トラのために頻繁に腕を動かしているうちに、ほぼ完全に治っていた。

中村さんは、ユニットのリーダー・安田ゆきえと協力して、猫たちの世話を焼くようになった。

「安田さん、トラが鼻血を出しているわ。獣医さんに連れていったほうがいいんじゃないかしら」

「アマが下痢しているわ。お腹《なか》を壊したようよ」

猫たちの些細《ささい》な変化にもすぐ気がついて教えてくれる中村さんのアシストは、リーダーの安田にとって大変な助けとなった。

ツンデレのクロが人に懐《なつ》くようになったのも、中村さんのお手柄だった。弟のアマと一緒にホームにやってきた保護猫のクロは、最初はツンデレなんていうレベルではなく、人に対して警戒心むき出しの状態だった。背の高い家具のうえに陣取って、その下を通る人に、シャーシャーと激しく威嚇《いかく》を繰り返していた。クロは野良猫出身ではなく、人に飼われていた猫なので、安田と中村さんのことだけは、新しい飼い主と認識したようで、自分に触《さわ》ることを認めていたが、ほかの人にはけっして触らせようとしなかった。

そんなクロに中村さんはいつもやさしく声をかけていた。クロのお気に入りのベッドや、おやつをあげる場所を少しずつ廊下からリビングに近づけたりするなど、色々な工夫を安田に提案した。その結果クロは、気が向けば色々な入居者にすり寄り、撫でられるというツンデレ猫に変わったのだ。

職員はリーダーの安田のことを「猫のママだね」と言うことがある。その言い方を借りれば、中村さんは「猫のグランマ」だった。

＊　＊　＊

トラに看取られることを希望していた斎藤幸助さんは、猫に囲まれる老春の日々を数年間謳歌《おうか》したのち、逝去《せいきょ》された。亡くなる3日前、もう起き上がることができない斎藤さんのベッドでは、トラが寄り添っていた。斎藤さんはとっても満足そうな顔をしていた。かねてから切望していたとおり、トラに看取られて天国に旅立ったのである。

斎藤さんだけではない。2の3ユニット

で入居者が逝去されるときには、必ずトラが寄り添っていた。トラは、文福と同じような、看取り活動をする猫だったのである。

ただし、トラの不思議な力は、文福とは少し異なっていた。入居者が逝去される場合だけでなく、一時的に弱って寝込んでいる場合も寄り添うのである。弱って寝込んでいる入居者に必ず寄り添うので、結果として、逝去されるときにも寄り添っているのだ。

文福は入居者が亡くなることを察知する力を持っており、その最期を看取る活動をしていた。それに対してトラは、入居者が弱っていることを察知する力を持っており、弱っている人に寄り添って癒やす活動をしていたのだ。文福は看取り犬で、トラは癒やし猫だった。

*　　*　　*

何人もの入居者を癒やし、看取ってきたトラも、ついに自分が看取られるときが来た。

トラがホームにやってきたのは、推定5～6歳のときである。もうすぐシニア猫と呼ばれる年齢だった。その年齢で、肺炎という持病もあったので、残念ながら長くは生きられないだろうと思われていた。トラを保健所から引き取り、ホームに紹介してくれた愛護団体『ちばわん』のスタッフは、トラの残り少ない最後の時間を、広い快適な環境で過ごさせてやりたいと考え、ホームに紹介したという。

そんな予想を覆《くつがえ》し、トラはホームで6年近く生きることができた。途中、肺炎が重くなり、獣医から「もうあまり長くはない」と診断を下されたが、そこからも3年近く頑張った。中村さんがトラの些細な変化にも気づいてリーダーの安田に相談し、点滴など様々なケアをした成果だろう。また、入居者に寄り添い癒やすという活動が、トラ自身にも生きる目的、生きる力を与えたのかもしれない。

自分自身の病気が重症化し、つらい状態になっても、トラは弱っている入居者に寄り添うことを続けた。トラは最後まで自分の務めを果たしたのだ。

トラが最期を迎えようとしていたとき、安田は休暇をとっていて不在だった。

「早く安田さんに電話して！」

中村さんは猫用ベッドのうえでぐったりと横たわっているトラを撫でながら、職員に声をかけた。ついにトラの最期が近づいていることが、中村さんにははっきりと感じられたのだ。

「トラ、もうすぐママが来るからね。ママが来るまで頑張るんだよ」

トラはわずかに目を開けて、小さな声でニャアと鳴いた。

遠方に出かけていた安田が駆けつけてきたのは深夜だった。

安田がベッドに駆け寄ると、もう動く力もなかったはずのトラが立ち上がって安田にすがりついた。

「トラ、トラー！」

安田は泣きながらトラを抱きしめた。その腕に中村さんが手を添えて一緒に抱きしめた。

そのままトラは、ふたりの腕のなかで静かに息を引き取った。

「トラは、自分の役割を終えて天に帰っていったのよ。トラは、ホームのために遣《つか》わされた天使だったのよ」

中村さんは、涙のあふれる目で天を見上げた。

職員も皆、同じ思いだった。

困難な挑戦をしている職員たちは、トラの存在に励まされなかったら、挫折していたかもしれない。トラが入居者に寄り添い、癒やす姿を見るたびに、自分たちのやっていることは無意味ではない、必要なことなのだと実感することができた。ホームに最初にやってきた猫がトラじゃなかったら、この挑戦は失敗していたかもしれない。

そしてトラは、「もうホームは大丈夫。自分がいなくてもやっていける」と見極めて、安心して旅立っていったのだろう。中村さんの言うとおり、トラはホームを助けるためにやってきた天使だったのだ。天使は役割を終えて天に帰っていったのだ。

中村さんは現在もイキイキと猫たちの面倒をみている。高齢になってきたアマは、毎日の水分点滴が必要になっている。「お母さん」という猫は、大変な高齢で、やはり毎日の点滴が欠かせない。「お母さん」の子供のチビも深刻な病気にかかっており、多数の薬を飲ませなければいけない。それらを中村さんはしっかり把握しており、猫たちの些細な変化にすぐに気がついて、安田に報告をしている。

「トラの後輩たちをしっかりみてあげないと、トラに怒《おこ》られちゃうからね」

眩《まぼゆ》い笑顔を浮かべる中村さんの心のなかで、いまもトラは生きている。

第⑬話

高齢猫のとろけそうな笑顔

犬や猫の寿命は短い。ともに平均寿命は14～15歳である。14年も生きると聞くと、十分な長さじゃないかと感じる人も多いかもしれないが、愛犬、愛猫と暮らす人にとっては、あまりにも短すぎる時間なのだ。

愛犬、愛猫が4～5歳になると、飼い主は皆、「あと10年一緒にいられるかな」と思うようになる。6～7歳になると、「まだ寿命が半分残っているといいな」と考えるようになる。8～9歳になると、「できればあと5年は生きてほしい」と願うようになる。10歳を超えると、「せめてこの1年は無事生きてほしい」と祈るようになる。そして幸運にも15歳を超えることができたら、一日一日が、神様からの贈り物だと感謝するようになるのだ。

そんな貴重な日々を、半年間も愛猫に会えなかったらどんなに寂しいだろう。山口なつさんは、老人保健施設（老健）のベッドのうえで、17歳の愛猫、ナッキーのことを考えない日はなかった。

山口さんは17年間ナッキーとふたりっきりの暮らしを続けていた。やさしい息子がしょっちゅう来てくれるし、何不自由ない生活だったが、歳にはかなわない。だんだん歩くのが困難になり、しかも認知症も患《わずら》ってしまった。ついにナッキーが17歳のとき、もはや自力で生活をするのが困難になってしまった。思い悩んだ息子の山口隆文さんは、とりあえず母親を老人保健施設に入居させることにした。老人保健施設とは、特別養護老人ホーム（特養）と同じ介護保険施設で、原則として終身預かる特養とは異なり、一時的に高齢者を預かる施設である。

ナッキーは息子の隆文さんが預かった。母親の影響を受けて隆文さんも大の猫好きだったので、なにも問題はなかった。ナッキーは寂しそうにしていたが、なにしろ17歳という大変な老猫である。一日の大半を寝て過ごしていたので、あまり生活に変化はなかった。

大きな変化があったのは山口さんのほうである。ナッキーと会えない日々は、確実に山口さんの生きる気力を奪っていった。日に日に無表情になってしまった。元から認知症の症状で失語症（言葉が出ないこと）があったのが急激に進んでしまい、ほとんど話ができなくなってしまった。言葉が出ないということは、コミュニケーション手段を奪われるということである。身体の調子が悪くても、介護職員や看護師にうまく伝えることができない。息子の隆文さんが面会に来ても、うまく話せない。そのためいっそう無気力、無表情になるという悪循環に陥《おちい》っていた。

やっぱり、母さんはナッキーと一緒に暮らさないとだめだ。

母親の様子を見て、もっとも心を痛めていたのは隆文さんである。かつて自宅でナッキーとふたりで暮らしていたときの母親は、色々と生活に不自由はあっても、いきいきとしていた。もう一度ナッキーと一緒に暮らしたら、あのころの元気が戻るかもしれない。しかし、猫と一緒に入れる老人ホームなんて聞いたことがない。果たしてそんなところがあるのだろうか？

＊　＊　＊

「えっ、こんな老人ホームがあるのか！」

テレビに向かって思わず大声を上げていた。

画面には、猫を抱きしめる幸せそうな女性が写っていた。『さくらの里山科《さとやましな》』で暮らす後藤さんと愛猫の祐介である。この日偶然、ニュースで取り上げられていたのを隆文さんは目にしたのだ。

隆文さんは興奮して電話を入れた。そして、飼い猫と一緒に入居できるのが間違いないと知ると、即座に入居を申し込んだのである。

こうして山口さんはホームに入居することになった。

入居当日、ホームで山口さんを待っていたのは、息子さんに連れられたナッキーである。

「ニャァーアアン！」

最近は高齢のため、ほとんど大きな鳴き声を上げることがないナッキーが、隆文さんが聞いたことがないほどの大声を上げた。

普段はほとんど寝ていて、素早い動きをしたことがないナッキーが、息子さんの腕から飛び降りた。全力で走り、車椅子に座る山口さんの胸に跳びついた！

「…ぁ…、ナ…、ナッ…、ナッ…キ！」

声にならない声が漏れた。その目からは涙があふれていた。山口さんは固くナッキーを抱きしめた。ナッキーも精いっぱいすがりついた。それはまさに、生き別れになっていた親子の再会そのものだった。

2の4ユニットのリーダー・塚原浩は、もらい泣きしそうになるのを堪《こら》えようとして堪え切れず、にじんでくる涙を握りこぶしで拭《ぬぐ》っていた。

塚原は最近2の4ユニットのリーダーに就任したばかりだった。これまで、入居者と愛猫、愛犬の再会シーンについては話には聞いていたが、実際に見るのは初めてだった。入居者と愛猫の再会が感動的だとわかっていたつもりだったが、これほど胸を打つものだとは思わなかった。それは、猫ユニットのリーダーになったばかりの塚原が、ペットと一緒に暮らすことがいかに必要なものか、その重要性をリアルに認識した瞬間だった。

しかし、その後、塚原は肩透かしをくらうことになる。

後藤さんと祐介のように、愛猫、愛犬と一緒の暮らしを取り戻した入居者の状態が、奇跡的に回復した例を聞いていたので、山口さんもそうなるだろうと期待していたのだが、見た目ですぐわかるような大きな変化はなかったのだ。

「…ナッ…キ…」

山口さんはかろうじて、振り絞るように、ナッキーの名前だけは口にするが、それ以上失語症が回復することはなかった。

ナッキーを見つめる目はやさしく、口元にはわずかに微笑《ほほえ》みが浮かんでいるが、それ以外は表情は硬く固まったままだった。

まあ、猫と一緒に暮らしても、劇的によくなることなんて、あんまりないのかな。

塚原はほんの少しだが失望していた。ユニットのほかの職員たちも皆、同じ思いだった。しかし、それは職員たちが早計《そうけい》だったのである。

「母さんが笑っている！」

山口さんが入居して1週間後、ホームを訪れた隆文さんは、思わず大声を上げた。その目にはうっすら涙が浮かんでいる。

山口さんはベッドに座り、横で丸くなってくっついているナッキーを撫《な》でていた。その口元には柔らかな笑みが浮かんでいる。その様子が、老健で暮らしていたころの母親とはまったく違って見えたのだ。

「本当にここに入《はい》れてよかったです」

2時間ほど山口さんと過ごしたあと、隆文さんは帰り際、塚原の手を力強く握って感謝の言葉を述べた。

「母のあんなイキイキした顔を見たのは久しぶりです」

隆文さんの目には、山口さんの顔は以前と全然違って見えたのだ。

言われてみれば、山口さんはいつもナッキーと一緒にいて笑っているではないか。たどたどしくても「ナッ…キ…」と愛猫の名を口にするではないか。一生懸命ナッキーを撫でているではないか。夜はナッキーと寄り添って寝て、嬉しそうにしているではないか。

塚原は山口さんの劇的な変化に気づけなかった己《おのれ》の不明を恥じた。

それからも山口さんは徐々に、徐々に変わっていった。笑顔がどんどん増えていった。

「ナッキーちゃん、可愛いですね」と職員が声をかけると、嬉しそうに頷《うなず》くようになった。

入居当初は、職員が食事介助して、スプーンを口元に運ばないと食べようとしなかったのが、自分で食べられるようになった。

当のナッキーは、ホームでの生活に馴染《なじ》んでいるのかよくわからなかった。一日の大半を、山口さんのベッドで寝て暮らしていて、部屋の外に出ることはなかったから。ただひとつ、間違いのないことは、ナッキーは山口さんに寄り添っているときは幸せだということとだ。山口さんに寄り添っているときのナッキーの顔はとろけそうになっていて、とっても可愛らしかった。その寝顔を見ていると、とても高齢とは思えないほどだった。

山口さんも、食事のとき以外は大半の時間を居室で過ごしていた。午後、リビングでおやつを食べたあと、居室に戻った山口さんの膝《ひざ》のうえでナッキーがとろけそうな顔で丸くなっている。ふたりが見つめるドッグランの木々が、秋の日差しに黄金色に染まっている。

人生（猫生）の最後、自分の命が尽きる前に、大好きな飼い主さんと再会できて、ナッキーは安心したのだろう。ホームで山口さんと一緒に暮らすようになってから、ナッキーは少しずつ衰えていった。

元から寝ている時間が長かったのが、ますます長くなっていった。元からあまり動かなかったのが、ますます動かなくなっていった。そうして、静かに静かに、ナッキーの命の炎は消えていった。

ある日の朝、いつもの時間に山口さんを起こしにいった職員は、一緒に寝ているナッキーが息をしていないことに気がついた。

ナッキーの身体にはまだ温《ぬく》もりが残っていた。

ナッキーの顔は、いつもと同じように、とろけるように幸せそうだった。

ナッキーは大好きな山口さんのベッドのうえで、大好きな山口さんの布団のなかで、大好きな山口さんに寄り添って、大好きな山口さんの温もりを感じながら旅立ったのだ。飼い猫にとって、これほど幸せな最期はないだろう。

もし山口さんに再会できないまま最期のときを迎えていたら、ナッキーはどれほど寂しかったろう。もしナッキーと離れ離れのままナッキーの死を聞いていたら、山口さんはどれほど悲しかったろう。わずか半年ほどの期間だったが、ふたりが一緒に暮らした日々は、何物にも増して輝いていた。

ふたりが最後に一緒に暮らせたことは奇跡だった。そして、奇跡はそれで終わりではなかった。第二幕が待っていたのである。

＊　＊　＊

「母があれほどイキイキしたのは、ナッキーと一緒に生活できたからなんです。ここでナッキーがいなくなっちゃったら、母は元に戻ってしまうと思います。お願いです。新しい猫を飼うことを認めてください」

塚原が隆文さんの必死な願いを聞かされたのは、ナッキーの死から2週間が経《た》ったときのことである。

ホームでは、原則として入居者が新しいペットを迎えるのは認めていない。それを認めて、ペットを受け入れる余裕がなくなってしまい、愛猫・愛犬との同伴入居を断るようになっては、本末転倒だからである。

「ユニットには、かっちゃんとか、タイガとか、ホームの猫ちゃんたちがいます。その猫ちゃんたちを可愛がるのじゃダメですか？」

申し訳ないと思いながら塚原が提案すると、隆文さんは即座に首を横に振った。

「かっちゃんやタイガは私も可愛いですけど、それじゃダメなんです。いつも母と一緒にいて、母と一緒に寝てくれる猫が必要なんです。そうでないと母は昔に戻っちゃうと思います」

塚原は頭を抱えたくなった。隆文さんが言っていることは、実は塚原も同感だった。山口さんがこれほど変わったのは、ナッキーといつも一緒にいたからなのはわかっていた。ホームの飼い猫を可愛がるだけでは足りないのだ。

「わかりました。お約束はできませんが、施設長に相談してみます」

悩みながらも塚原は答えると、その日の夕方、施設長のところに直談判《じかだんぱん》に向かった。

塚原の懸念《けねん》どおり、施設長はなかなか認めてくれなかった。入居者が新たなペットを迎え入れることを例外として認めると、歯止めがきかなくなる恐れがある。その結果、いま自宅で、愛犬・愛猫との暮らしが続けられなくなり困っている入居希望者を受け入れられなくなったら本末転倒である。施設長の正論に対して、塚原は必死に、山口さんにだけは新たな猫が必要であることを訴えた。その情熱に、ついに施設長も折れ、事務室を出た塚原は思わずガッツポーズをとっていた。

施設長の許可を得ると塚原はすぐに『ちばわん』に連絡をとった。

「ナッキーにそっくりの猫がいるんです！」

『ちばわん』の代表の扇田から興奮した電話が入ったのは3日後のことだった。扇田はしばしばホームを訪れており、ナッキーのことも知っていた。

ナッキーとそっくりな猫は、『ちばわん』が保護しているのではなかった。『ちばわん』と交流がある他県の愛護団体が保護している猫だった。

その猫は、独居高齢者が飼っていた子だった。高齢者が急死して、自宅に取り残されているのを保護したのだ。猫も高齢で、14歳になっていた。

実は、14歳の猫を保護するのは、その愛護団体にとって異例のことだった。里親が見つかりにくい10歳以上の猫や犬は保護せず、保健所※に任せると決めていたのだ。しかし、その猫があまりにも人懐《なつ》っこく、あまりにも可愛らしいので、愛護団体の責任者はどうしても手放せなく感じた。そこで会の活動とは別に、個人で保護することにしたのだ。そんなことをするのは初めてで、自分でも不思議だったという。

こうして、ナッキーによく似た14歳の高齢猫は、山口さんと巡り会った。高齢の愛猫を亡くした高齢者が、高齢の飼い主を亡くした高齢猫と巡り会ったのだ。山口さんが、ペットと一緒に暮らせる全国唯一の特別養護老人ホームに入居していなかったら、この出会いはなかった。そのホームでも、新たなペットを迎えるのを例外的に認めなかったら、この出会いはなかった。

出会い自体が奇跡なのに、その猫がナッキーそっくりだとは。まさに虹の橋にいるナッキーが導いてくれたとしか思えない巡り会いだった。

山口さんは、新しい猫にもナッキーと名づけた。そして山口さんとナッキー（2世）は、初めて会ったその瞬間から、ぴたりと寄り添い、家族になった。それはあたかも、互いの失われた半身に出会ったかのような瞬間だった。

山口さんとナッキーは、いまも毎日寄り添って寝ている。山口さんは、やさしい微笑みを浮かべてナッキーを撫でる。ナッキーはとろけそうに幸せな顔をしている。山口さんが「…ナッ…キ…」と、たどたどしい言葉で呼ぶと、ナッキーはあたかもそれが昔からの自分の名前であったかのように、嬉しそうに「ニャア」と答える。先代のナッキーより少しだけ元気なナッキー2世は、リビングに出てきて、ほかの猫たちとじゃれたり、一緒にくっついて寝たりすることもある。それを山口さんは穏やかに微笑みながら見つめる。

奇跡的に巡り会ったふたりの幸せな日々は続いている。それを先代のナッキーも、虹の橋から、とろけそうに幸せな顔で見守っているに違いない。

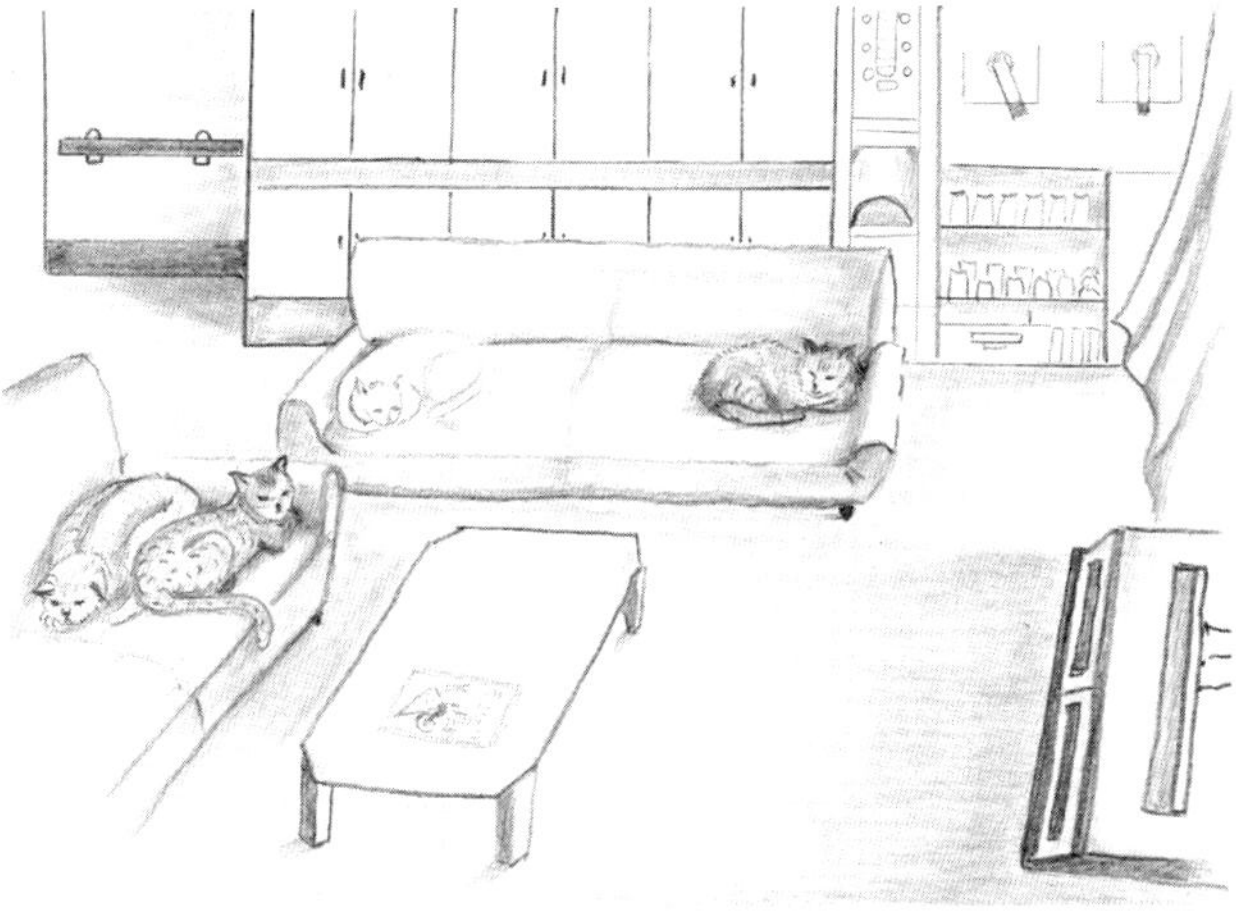

※10歳以上の犬猫を保護せず、保健所に任せるということ、愛護団体として冷たいのではないかと感じる人もいるかと思います。しかし、それはやむを得ないことなのです。犬や猫を1匹保護すると、当たり前のことですが、1匹ぶん預かることのできるキャパシティが減ります。それが里親の見つかりにくい高齢犬・猫だと、そのキャパシティを長期間ふさいでしまいます。仮に高齢犬・猫を1年にわたり保護して飼育した場合、3カ月で里親が見つかる若い犬・猫だったら、4匹助けられることになります。1匹の高齢犬・猫を救うために4匹の若い犬・猫を犠牲にするのです。残念ながら現代日本で、殺処分される犬・猫の数は年間4万匹を超えており、愛護団体はギリギリの現場で命を救っています。大災害のときの救急救命の現場と同様に、命の優先順位をつけるトリアージを行うしかないのです。

第⓮話

僕が絆をつなぐ

これは、一度途切れそうになった絆を、至高《しこう》の愛でつないだトイプードル・ココの物語である。

お母さん、そろそろお家に帰ろうよ。もう真っ暗だよ。

トイプードルのココは、飼い主の橋本雪代さんの顔を見上げて、クゥーンと鳴いた。

僕、もう、お腹《なか》がペコペコだよ。
お母さんだって、よろよろしているよ。
このままじゃ倒れちゃうよ。

キャウ！　キャウ！　と吠《ほ》えてみたが、橋本さんの耳には届かない。
だめだ、お母さん、またおかしくなっちゃってる。
こういうときは僕の声は聞こえないんだ。
仕方なくココはまた、橋本さんと一緒に歩き続けた。
不意に橋本さんが立ち止まった。
はっとしたように辺《あた》りを見回すと、下を向き、ココに目を向けた。
「ああ、よかった。ココちゃん、いたのね。ココちゃん、お家に帰ろうか？」
よかった！
お母さんが元に戻った！
僕の声を聞いてくれる。

「キャウ！　キャウ！」

お母さん、お家に帰ろう！

ココはリードを引っ張って歩き始めた。

お母さん、こっちだよ！　僕についてきて！

幸い、このときは、橋本さんは素直にココの後ろをついてきてくれた。ココは橋本さんを引っ張って家路《いえじ》についた。しかし橋本さんは、交差点に差しかかるたびに立ち止まって、不安そうにきょろきょろする。ときには反対方向に進もうとすることもあった。

「キャウ！」

お母さん、こっちだよ。

僕についてきて！

僕がお母さんを守るから！


ココが引っ張ると橋本さんはまた、ちゃんとついてきてくれた。こうしてココは無事、橋本さんを誘導して我が家にたどり着いた。

「よかった！　橋本さん、心配していたんですよ！」

心配して探し回っていた女性が駆け寄ってきた。橋本さんとココが暮らす有料老人ホームのスタッフである。

「ココ、またちゃんと橋本さんを連れてきてくれたのね。ありがとうね〜」

スタッフが頭を撫《な》でてくれたので、ココは得意げにバウッっと吠えた。


任せてよ！

僕がお母さんを守るんだ！

翌日、有料老人ホームのスタッフは橋本さんの息子の浩一郎さんの元に電話を入れた。

もうこのホームでは限界なのかな？

浩一郎さんはため息をついた。最近ではほとんど毎日のように橋本さんの徘徊《はいかい》に関する報告の電話が入っている。

認知症が進行した橋本さんは、昼夜を問わず、有料老人ホームから出て徘徊するようになってしまったのだ。幸い、いつもココが一緒だから、ココが誘導して連れ帰ってくれて大事に至らなかったが、だんだん行方がわからない時間が長くなっていた。

橋本さんが暮らしている住宅型有料老人ホームは、食事、洗濯、掃除などの家事は受け持つが、制度上、介護サービスはない。認知症が進行した橋本さんに対応できる体制ではなかった。

行方がわからない時間が長時間になった場合は、浩一郎さんを呼び出すこともある。県外で暮らす浩一郎さんが駆けつけるころには、もう橋本さんは無事帰っているのだが、それでも行方不明の連絡が入れば駆けつけざるを得ない。そんなことが、半年間で10回以上もあった。浩一郎さんにとっても限界だった。

「少し遠いんですが、ペットと一緒に入れる特別養護老人ホーム（特養）があるんですよ。そこなら橋本さんの状態でも対応できるでしょうし、ココ君も一緒に受け入れてもらえると思います」

面会のために訪れたとき、浩一郎さんはスタッフから思いもかけない言葉をかけられた。すぐに申し込んだ。こうして橋本さんはココと一緒にホームに入居することになった。

ここが新しいお家なの？
広いんだね〜。

ココは嬉しくなって広いリビングを走り回った。以前は橋本さんの居室のなかだけで暮らしていたが、新しいホームではユニット内で自由に過ごすことができる。ココは文福たち、ユニットの犬ともすぐに仲よくなり、入居者たちにもすぐに馴染《なじ》んだ。大勢の人がやさしい言葉をかけながら撫でてくれるので、ご機嫌だった。

橋本さんも、ゆっくりと新しい環境に馴染んでいった。

認知症は環境が変わると、そのショックで進行してしまうことが多い。橋本さんも転居した当初は、ホームから出ていきたいという帰宅願望が強くなり、そのため興奮状態になることが多かった。しかし、特養の職員はそのような認知症の入居者に慣れている。職員の巧みな対応で、橋本さんの状態は徐々に落ち着いていった。もちろん、それには、ココの存在も大きかったろう。

「そこをどいて。私は家に帰るの！」

興奮した橋本さんが廊下で大声を上げている。リーダーの坂田弘子は笑顔で対応しながら、足元にちらりと目をやった。

「クゥーン」

足元ではココが立ち上がって、橋本さんの脚に抱きつき、つぶらな瞳で見上げていた。

お母さん、大丈夫。

僕がついているよ。

「ああ、ココちゃん。一緒にお家に帰ろうか」

橋本さんがまだ興奮した表情のままココを抱き上げると、すかさず坂田がリードを差し出した。

「じゃあ橋本さん、ココ君のお散歩、お願いしますね」

そのまま坂田は橋本さんをユニットの玄関に導いていく。

「そう？　そうね。ココちゃん、お散歩に行こうね」


うん、お母さん。

僕がお散歩に連れていってあげるよ！


ココがリードを引いて歩き出すと、橋本さんも素直に歩き出した。ココは心得たもので、1階の事務室に行くと、そこでくるりと引き返し、ユニットに戻っていった。ユニットに戻ったときには、橋本さんの興奮はすっかり収まっていた。ココも事務室でおやつをもらってご満悦《まんえつ》だった。

橋本さんが不安になっても、興奮しても、そばにココがいることで気持ちが鎮《しず》まることが多かった。

ここならお母さんも大丈夫みたいだ。
僕もひと安心だな。

橋本さんの生活が落ち着くと、ココも安堵《あんど》したようだった。広々とした環境で、大勢の犬と人と触れ合いながら毎日楽しそうに過ごしていた。

しかし残念ながら、橋本さんとココの穏やかな日々は1年と続かなかった。橋本さんが転んで骨折してしまい、入院することになったのである。

運の悪いことに橋本さんは大腿部《だいたいぶ》（太もも）を複雑骨折しており、入院期間は2カ月に及んだ。そのあいだ、ホームに残されたココは、寂しかったろうが健気《けなげ》に耐えていた。

お母さん、早く帰ってきてね。

僕、寂しいけれど、いい子にして我慢しているからね。

お母さんのお家は僕が守るよ。


ココは、昼間は何人もの入居者や職員たちに可愛がってもらえるので、意外と普通に過ごしていた。しかし、夜、誰もいない部屋にいるのはやはり寂しかったのだろう。いつしか、別の入居者の部屋で寝るようになっていた。

深夜、夜勤中の坂田は、カリカリする音に気がついて居室の扉を開けると、ココがひっそりと出てきた。

「クゥーン」

つぶらな瞳で坂田を見上げると、甘えるような、しかし寂しそうな声を上げた。

「ココ、いい子だね～。寂しいのに頑張っているね～」

坂田が撫でてやると、ココはもう一度、寂しそうに鳴いた。


お母さんいつ戻ってくるのかな？

つぶらな瞳が明確に問いかけていた。

「大丈夫だよ、ココ。お母さん、もうすぐ戻ってくるからね」

涙がにじみそうになるのを堪《こら》えながらもう一度撫でてやると、少し安心したように戻っていった。

そして、やっとココの頑張りが報われるときが来た。橋本さんが退院したのである。

しかし、ココが待ちわびていた橋本さんとの再会は、大きなショックと悲しみを与えることになった。

橋本さんはココがわからなかったのである。ココのことだけではない。橋本さんはなにもわからなくなっていた。能面のように無表情で、言葉を発することもなかった。入院中に一気に認知症が進行してしまったのだ。

高齢者が転倒で脚を骨折し、入院中に認知症が進行するケースは非常によくあることである。なにしろ脚を骨折しているので、動くことができない。ベッドでじっと横たわっているしかない。その極端に刺激が少なくなった生活のために、認知症が進行してしまうのだ。一方では、骨折をきっかけに寝たきり状態になってしまうことも多く、高齢者福祉関係者のあいだでは、転倒・骨折・入院は、高齢者の生活を破壊してしまう恐れがある深刻なリスクとして認識されているほどである。

車椅子で帰ってきた橋本さんは、ココが大喜びで膝《ひざ》に飛び乗っても、まったく表情を動かさなかった。ココを見ようともしなかった。ココのことを認識すらしていないかもしれなかった。

「橋本さん、ココ君ですよ。ココ君、ず～っと橋本さんを待っていたんですよ」

坂田が声をかけても、橋本さんの顔はピクリとも動かなかった。

お母さん、どうしたの？

僕がわからないの？

僕が嫌いになっちゃったの？

僕はずっと、ずっと待っていたんだよ！

ココはキュウ、キュウと、切ない声を上げて、橋本さんの顔をなめた。橋本さんの胸に頭をこすりつけた。力いっぱい抱きついた。

しかし、どれだけ全身で喜びを表現しても、心から訴えかけても、橋本さんには届かなかった。

「うっ」

坂田が声を詰まらせて、顔をそむけた。あふれる涙を慌《あわ》てて拭《ふ》いている。入居者から目をそらすなど介護のプロ失格だが、誰も彼女を責められないだろう。

その場にいた職員全員が、認知症が重度化した橋本さんの状態に絶望していた。もう橋本さんがココを思い出すことは無理に違いない。可哀そうなココ。可哀そうな橋本さん……。

しかし、ただひとり、あきらめない存在がいた。

皆から同情の視線を集めていたココ本人だけは、けっしてあきらめていなかったのである。


お母さん、また僕のことがわからなくなっちゃっている。

でも僕はお母さんが大好きだよ。
僕の名前を呼んでくれなくても
僕を撫でてくれなくても
僕はお母さんが大好きだよ！
僕がずっとお母さんを守るよ！

ココのつぶらな瞳はゆるがなかった。ただ、ただ、ひたむきに橋本さんのことを見つめていた。

相手が自分のことを忘れてしまっても、ひたすら愛情を注《そそ》ぎ続ける。まさに無償の愛と呼ぶしかないものである。

犬の素晴らしい忠誠心は色々な伝説や逸話《いつわ》に残っている。小説や映画には多くの忠犬が登場してきた。ココの忠誠心と無償の愛も、忠犬と呼ぶのにふさわしいものだろう。

「キャウ、キャウ」

お母さん、おはよう。

朝、職員が押す車椅子に乗って橋本さんが部屋から出てくると、ココは駆け寄っていき、橋本さんの脚に手をかけて立ち上がり、挨拶《あいさつ》をした。
橋本さんはなにも答えない。表情も動かない。
それでもココは、車椅子について一緒に歩いていった。

お母さん、一緒に行こうね。

つぶらな瞳で呼びかけた。
ココは夜、橋本さんとは一緒に寝ていなかった。橋本さんが入院していたときと同様に、夜は別の入居者の部屋で寝ていた。一度、橋本さんが、膝に上がってきたココを力いっぱい抱きしめて悲鳴を上げさせたことがある。そこで坂田は、職員の目の届かないところで長時間、橋本さんとココをふたりきりにするのは危険だと判断した。

しかし、そうやって、なにもわからないのに橋本さんがココを抱きしめたことに坂田は一縷《いちる》の希望を見いだしていた。やはり心の底では、ココへの愛はなくなっていない――。日中ココは、橋本さんの車椅子の下に寝そべって寛《くつろ》いでいた。寛ぎながらもその瞳は橋本さんをひたと見つめていた。ただし、いつもそうしていた訳ではない。橋本さんが入院中、ココは色々な入居者やほかの犬と仲よく過ごす習慣ができていた。そうやって日中の大部分の時間、あちらこちらで楽しく過ごし、その合間、寛ぐときは橋本さんの車椅子の下に戻ってくるのである。

職員が見守りながら、ココを橋本さんの膝のうえに乗せると、ココは喜んで橋本さんの手や顔をペロペロとなめた。

お母さん、僕はずっと一緒にいるよ。

いつまでも、いつまでもなめ続けていた。

＊　＊　＊

ココの無償の愛が小さな奇跡を起こしたのは、半年が過ぎたときである。

「コ…コ、…ココ、コ…コ…ちゃ…ん？」

橋本さんが膝のうえにいるココに目を向けると、かすかに、囁《ささや》くような声を出したのだ。

「キャウッ！」


お母さん、僕がわかるの！

信じていたよ！　お母さん！


ココが目を輝かせて橋本さんの胸に跳びついた。

その瞬間を目撃した介護職員の尾崎良子は、信じられない思いに目を見開いていた。尾崎たち職員にとっても、退院後初めて橋本さんの声を聞いた瞬間だったのだ！

それからの回復は目覚ましかった、という訳ではない。残念ながら、見た目にはほとんど変化は生じなかった。時おり、本当に時おり、わずかに「コ…コ…」と呟《つぶや》くのみである。

だかそのわずかな呟きは、ココにとって宝物だった。

お母さん！　お母さん！
僕がココだよ！
僕のことがわかったんだね！
もっと名前を呼んで。

名前を呼ばれるたびに大喜びで抱きつき、ペロペロと顔をなめた。なめられても無表情だった橋本さんの顔に、かすかに微笑《ほほえ》みらしき表情が浮かぶようになったのは、さらに半年が経過したころだった。
最初は坂田も尾崎も、目の錯覚かと思った。しかし、ほかの職員たちも同じことを言うようになって、間違いない、橋本さんは笑っていると信じられるようになった。

お母さんが笑ってる。
僕を見て笑ってる。
お母さん！

ココのつぶらな瞳には強い光が輝くようになっていた。

そして、3カ月後、ついに待ち望んでいたときが訪れた。

「ココちゃん…ココちゃん」

橋本さんが名前を呼びながら撫でてくれたのである。

関節の動きが悪くなった腕で、おぼつかない手つきでだが、確かにココを撫でたのだ。


お母さん！

お母さん！

僕は信じていたよ！

もっと名前を呼んで！

もっと撫でて！


ココは狂喜乱舞して、橋本さんの手にグリグリと頭をこすりつけていた。

忠犬ココが、認知症という不治の病に打ち勝った瞬間だった。

運よくその場に居合わすことができた坂田と尾崎は、思わず抱き合って歓声を上げた。目には涙が光っていた。

現在、橋本さんは、職員に車椅子を押してもらって毎日ココと一緒に事務室に来ている。事務室の入り口で職員が介助して立たせると、橋本さんはゆっくりと歩いて、事務室のなかに入っていく。

お母さん、早く行こうよ!

もちろん橋本さんの足元をココがついていく。

「はい、橋本さん。ココ君のおやつ、お願

いしますね」

事務職員が掌《てのひら》に小さなおやつを載せると、橋本さんはわずかに腰をかがめ、腕を伸ばす。

「ココ…ココ…、お、や、つ、だよ」

「キャウ!」


お母さん、ありがとう!


ココは立ち上がると、掌のおやつを舌で上手にすくった。

「橋本さん、いつもお肌つるつるですね」

事務職員が笑いかけると、橋本さんも笑い返した。その笑顔は硬くてぎこちないが、輝いていた。

「そう…なの。い、つ、も、ココちゃんが、…なめて…、く、れ、る、から」

「あらー、いいですね。私も今度、ココ君になめてもらおうかしら」

事務職員の言葉に、橋本さんはフフっと、切れ切れに笑い声を上げた。とても嬉しそうだった。

お母さん、楽しいの？

僕も楽しいよ！

ココが嬉しそうに甲高《かんだか》い声を上げた。

飼い主と愛犬のあいだには絆がある。その絆は奇跡的に強い場合もあれば、信じられないほどもろい場合もある。絆が強くなるか、もろくなるかは通常、飼い主の思いにかかっている。飼い主の思いが強ければ絆は強くなり、飼い主の思いが弱ければ、絆はもろくなる。しかし、まれには、愛犬の思いが絆をつなぐ場合もあるのだ。

車椅子に座って帰っていく橋本さんの前をココが意気揚々《いきようよう》と歩いていく。橋本さんの手からココへと伸びるリードは、ふたりの確かな絆を象徴していた。一度は途切れかけた絆は、忠犬ココによってしっかりとつながれた。

第⑮話 職員にも起きた小さな奇跡

「大学も卒業できないのか、お前は！　それならもう家から出て、自分の力で生きてみろ！」

普段、大声を上げることのない父親の怒鳴り声が耳に残っていた。

参ったな。なんとか仕事を探さないと。フリーターはいやだし、正社員が見つかるかな。

片瀬翔太は、ポリポリと頭をかいた。

まあ、勝手に大学を辞めてしまったのだから仕方ないか。そもそも、数学と物理が得意というだけで工学部を選んだのが間違いだったのだ。

大学に入ってみてわかったのだが、実は翔太にとって、機械実習も実験も回路図の製作も、まったく性《しょう》に合っていなかった。実習と実験をさぼりまくれば当然、留年する。もう自分には卒業は無理だと、翔太は3年に上がれなかった際に思いっきりよく大学を辞めてしまった、親にも相談せず。

大学中退の翔太が手っ取り早く正社員になれる道はといえば、選択肢は限られていた。それが翔太が老人ホームに就職した理由である。介護に対する思いなどなにもなかったし、そもそも介護の仕事とはなにをするか、まったくわかっていなかった。

「ちょっと、山本さんにひとりで食べさせちゃダメよ！　誤嚥《※ごえん》しちゃうじゃない！」

同じユニットで働く先輩正職員の望月亜紀の鋭い声に、翔太はびくっと首をすくめた。

「えっっと……、山本さんは食介（食事介助）必要なしですよね。誤嚥てなんでしたっけ？」

恐る恐る聞き返したとき、すでに亜紀は、おぼつかない手つきでスプーンを握っている山本耕三さんの横について、ゆっくり食べるように声をかけていた。

「山本さんは、利《き》き手が麻痺していてうまく食べられないでしょ。しかも嚥下《※えんげ》能力が落ちていて誤嚥しやすいの。できるだけご自分で食べてもらうけど、必ず職員が横で見守らないと危ないのよ」

あとで山本さんに聞こえないところで、亜紀はなんで叱責《しっせき》したのか、その理由を詳しく説明してくれた。

※食べ物を誤って食道ではなく気道に入れてしまうこと。
※物を飲み込む力。

※移乗介助。職員が支えて、ベッドから車椅子などに移動させる介助技術。

はあー、また失敗した。

翔太はため息をついた。

食介をする人、食介はしないけれど見守りが必要な人、自力で食べるけど声がけが必要な人。時間がかかるときだけ食介する人。なにがなんだか訳がわからないや。

「磯辺さんのオムツ、ずれていて、尿が漏れちゃっていたよ！」

「ほら、田口さんはテーブルでは、車椅子から椅子にトランス※しないと」

「片瀬さん、夜間はリハパンじゃなく、オムツとパットよ。また間違っていたから」

翔太の指導職員である亜紀から、毎日のようにやさしいのだけれども鋭い声が飛び、翔太は走り回っていた。

オムツにしたって、パンツのように履くタイプであるリハビリパンツに、普通のオムツ、小さめのパットと3種類あるうえに、それぞれがいくつものサイズがあるのだ。どの入居者が、どのオムツをつけているのか、覚えるのはひと苦労だった。しかも、同じ入居者が、体調や時間によって、つけるオムツの種類やサイズが変わるのだ。オムツを考えるだけで目が回るようだった。

介護をなめていたな。こんなに大変とは思わなかった。

とくに翔太は、山本さんが苦手だった。気難しく、すぐに怒《おこ》ってしまうのだ。しかも、右半身が麻痺している影響で言葉が不明瞭で、なにを言っているのか聞き取れない。もう、どうやって対応したらいいのかわからず、途方に暮れていた。

「うーっ、うーっ」

また山本さんの怒声《どせい》が響いた。顔を真っ赤にして怒っている。動きづらい口を必死に開いて、精いっぱい大声を上げていた。

「だめよ、片瀬さん。なんで車椅子を左側につけているの」

亜紀が飛んできて、翔太の耳元で注意すると、すばやく車椅子を右側に移した。山本さんは安心したように車椅子に腰かけた。

「なんで、右側なんですか。山本さんは右麻痺だから、車椅子は左につけるんじゃないですか？」

新人研修の一環で、一日の反省をふたりでしているときに翔太は不思議に思ったことをたずねた。ホームに就職して最初に受けた※講習で、※片麻痺の方をベッドから車椅子にトラ

※最初に受ける座学と実技実習の講習。
※右半身または左半身が麻痺している状態。脳梗塞の後遺症である場合が多い。

ンスする際は、麻痺がないほうから座らせるようにすると習っていたのだ。山本さんの場合は右半身麻痺なので、左側から座らせる。つまり車椅子は左側につけるのが正しいはずだった。大学を中退したとはいえ、根がまじめで、勉強熱心な翔太は、講習で習ったことをよく覚えていた。

「それは、職員がトランスする場合。山本さんは左手で掴《つか》まって、自分で車椅子に移るでしょう。だから、山本さんにとってやりやすいようにサポートしないと。山本さんは麻痺してからも長年自宅で、右側から座る習慣だったんだから、右側がいいの。山本さんの介助については、車椅子は右って最初に教えたよ」

あー、そうだった。

翔太は頭を抱えた。

座るのは健側※からってことばかりにとらわれていたけれど、山本さんの車椅子は右って教わっていたじゃないか。

項垂《うなだ》れる翔太の背中を亜紀がポンと叩いた。

「大丈夫だって。私だって新人のときは失敗だらけだったんだから。片瀬君は頭いいからすぐに覚えられるって」

そうかなー。

翔太は暗澹《あんたん》たる思いで、先輩の顔を見上げた。

望月さんって、俺とあまり歳が変わらないのに、すごいよなー。俺も4年後にこうなれるのかな。

亜紀は勤めて5年目になる。高校を出てすぐに勤めたので、翔太よりは2歳年上だった。たったの2歳差だが、翔太にとっては大先輩であり、眩《まぶ》しいような大人の女性だった。

「亜紀ちゃんは、もうすぐユニット長になるんじゃないの？」

あるとき、翔太が何気なく聞くと、亜紀は笑いながら首を振った。

「まだまだ、私なんて無理よ」

そこでふと真剣な顔になると、

「実は、介護長からは、ユニットケアリーダー研修をそろそろ受けたらって言われているんだけどね。私にできるかな」

翔太はぶんぶんと首を縦に振った。

※健康な半身という意味。

「絶対に亜紀ちゃんならできますよ」

敬愛する先輩がユニット長になるのは、翔太にとってとても嬉しいことだった。

＊　＊　＊
「亜紀ちゃん。俺、山本さんに嫌われているんですかね？」

3カ月が過ぎて、介護について少しだけわかってきたかなと思えるようになったころ、翔太は相談をもちかけた。

「山本さん、俺が介護するときだけ、ものすごい怒るような気がするんですよ」

最近は失敗も少なくなってきたと思うのに、山本さんだけはいつも翔太が介護をすると顔を真っ赤にして怒るのだ。

「アハハ、やっぱりそう感じているんだー」

亜紀が笑い声を漏らしたので翔太は憤然《ふんぜん》とした。

「どういうことですか？　人がまじめに悩んでいるのに！」

「ごめんね、でもちょっと考えてみて。山本さんが翔太君にだけ態度が違うのは、翔太君を特別な相手として認めているっていうことだよ」

翔太はぽかんとして、間抜けな顔をしていたに違いない。亜紀はまた軽く笑った。

「たぶんね、山本さんは若い翔太君が頑張っているのを見て、期待しているのよ。期待しているから怒るんだよ」

そんなことある訳ないじゃん！　亜紀ちゃん先輩、訳わかんねーよ。

心のなかで毒づく翔太だったが、このとき翔太のなかでなにかが変わったのかもしれない。その後、だんだんと山本さんがなにを言いたいのか、なぜ怒っているのか、わかるようになってきたのだ。うー、しか言えなくても、声のトーンによって、YESと言っているのか、NOと言っているのかがわかった。以前はいつも怒っているようにしか見えなかった表情が、怒っているとき、不満があるとき、それでOKと思っているとき、喜んでいるときと、見分けがつくようになった。

＊　　＊　　＊

「望月さん、山本さんって昔、船乗りだったんですよね。それって久里浜のフェリーじゃないですか？」

翔太が興奮した様子で飛んできたので、亜紀は米を研《と》ぐ手を止めた。

「急にどうしたの、片瀬さん。まあ、たぶん山本さんが乗っていたのはフェリーだと思うけど、そこまで記録には書いていないわ」

ユニットのなかなので、ふたりとも常勤職員どうしがバックヤードで呼び合っている愛称は使わず、きちんと名字で呼び合っている。

「やっぱり！　たぶん山本さんは、フェリーの船長だったんですよ！」

翔太は目を輝かせた。山本さんと粘り強くコミュニケーションを重ねるうちに、元フェリーの船長だったことがわかったのだ。

「俺、ミラクルプランで、山本さんをフェリーに乗せてあげたいです！　望月さん、手伝ってくださいよ！」

ミラクルプランとは、入居者の特別な願いをかなえるために、ひとりにつき一度だけ企画できるプランのことだった。

ホームでは、入居者の誕生日の際に、本人が希望すれば、ひとりだけの外出行事を行っている。外出行事にかかる実費は入居者負担だが、外出が長時間になれば職員の負担も人件費も増すので、〝お誕生日外出〟は2時間程度までと決まっていた。しかし、ミラクルプランの場合は、その枠がなくなるのだ。

「いいところに気がついたじゃない。うん、山本さんのミラクルプラン、いいと思うよ」

亜紀は目を輝かせた。可愛い弟のように感じている翔太の頑張りが自分のことのように嬉しかった。

「うー！　うー！」

興奮した声が展望デッキに響き渡った。

亜紀のアドバイスを受けながら、必死に作った企画書は認められ、翔太は山本さんと一緒にフェリーに乗っていた。このフェリーは、横須賀の久里浜港から、東京湾を渡り、千葉県の金谷港に行くものだった。50分ほどのささやかな船旅である。そのささやかな船旅を、山本さんは大喜びしていた。

真っ青な海を、真っ白いフェリーが、白い波あとを残して進んでいく。少しずつ対岸の房総半島の鋸山《のこぎりやま》が大きくなってくる。天気がよいので、遠くには、横浜のランドマークタワーが小さく見えた。

「うー」

山本さんは、青い空を飛び回る白いカモメを指さして笑っていた。山本さんにとって、もう二度と乗れないと思っていた、懐《なつ》かしいフェリーである。最高のイベントだった。しかも素晴らしいサプライズが起きたのである。

「船長！　山本船長じゃないですか！」

かつて山本さんの部下だった人が船長を務めていたのだ。現船長は、かつての上司に船員帽を被《かぶ》せ、一緒に記念撮影をしてくれた。

船員帽を被り左手で敬礼する、山本さんの眩《まばゆ》い笑顔の写真は、山本さんだけでなく、翔太にとっても宝物になった。

翔太はいまでも、このときの山本さんを思い出すことがある。山本さんが自分に介護とはなにか、ひとりひとりの入居者を大切にするとはどういうことか、教えてくれたのだ。

2年後、ユニット長のひとりが結婚退職し、空席ができた。そこでユニット長に昇進したのは亜紀ではなかった。そのとき亜紀は産休に入っていたのである。亜紀の代わりにユニット長になったのは、彼女の夫だった。まだ勤続2年、弱冠22歳。法人史上、最短最年少で管理職に昇進した彼女の夫の名前は……。もちろん片瀬翔太である。

了

◉寄稿　長田啓《おさだけい》　環境省自然環境局総務課動物愛護管理室長

共に生きる——シニアペットとシルバー世代——

「動物の愛護と管理に関する法律」には、「動物の所有者は、その所有する動物の飼養又は保管の目的を達する上で支障を及ぼさない範囲で、できる限り、当該動物がその命を終えるまで適切に飼養することに努めなければならない。」という規定があります。これを「終生飼養の努力義務」と呼んでいます。

努力をしても、人は病気もすれば、時には不慮の事故にも遭います。飼い主の死亡、病気などで飼えなくなった犬や猫、迷い犬、野犬など、年間10万頭もの犬と猫が保健所などに引き取られていきます。飼い主の意識の向上、自治体職員や譲渡団体の方々などの努力によって、引き取られる犬猫の数はこの10年で3分の1に、殺処分数は7分の1に減っていますが、それでも全体の4割、4万頭以上は飼い主が見つからずに殺処分となる運命をたどっているのです（数字は２０１７年度）。

ところで、犬と猫の平均寿命は近年、驚くほど延びています。7～8歳で高齢期とも言われますが、今や犬の平均寿命は14・29歳、猫は15・32歳となっています（２０１８年全国犬猫飼育実態調査：ペットフード協会）。喜ばしいことですが、ペットが飼い主より長生きして、自治体に引き取られるケースも多いのです。他人に長く飼われた高齢の犬猫を譲り受けて飼いたいという人は残念ながらそれほど多くはありません。

人間の側の高齢化も進んでいます。犬や猫を飼うことで得られる心身の健康面での効果などは、高齢者こそ大きいとも考えられますが、高齢者が新たに犬や猫を飼うことにも課題があります。ペットショップでは通常は子犬、子猫が売られています。これから15年以上も生きるかもしれない犬や猫を買ってきて、最後まで元気に面倒を見ることができるかどうか、慎重に考えなければなりません。一方で、自治体が引き取った犬猫を飼いたい場合も、引き取りを減らし、殺処分を減らしたい自治体としては、高齢者に対して犬猫を譲渡することには慎重で、譲渡の際に飼い主の年齢制限を設けているところも少なくありません。

犬や猫を飼うのはつまるところ個人の自由です。一方で、犬や猫を飼うことや、飼えなくなることは、それが社会に対してプラス、マイナスの様々な影響を及ぼすという意味では社会的な責任が伴う社会の問題でもあるのです。

私たちはどのような社会を目指していくべきでしょうか。不幸な運命をたどる犬をゼロにするならば、犬をゼロにすることです。飼い主も犬との悲しい別れを経験することはなくなります。でも、それは私たちが望む社会の姿でしょうか。さくらの里山科での日々の物語は、犬や猫が私たちの側にいることの意味を改めて考えさせてくれます。ペットも人も高齢化が進む中で、動物を飼うということの本質や人と動物の理想的な関係について、改めて正面から問い直す時代に来ているのかもしれません。

◉寄稿　安野《やすの》舞子《まいこ》　横浜国立大学准教授

目に見えない大切なこと
～「人と動物の幸せな共生」を考える～

　私が「奇跡の看取り犬・文福」の存在について知ったのは、横浜国立大学で私が担当する授業「人と動物の幸せな共生を考える」で、著者の若山三千彦氏にご講義いただいたときでした。「人と動物が幸せに共生するモデル～特別養護老人ホーム　さくらの里山科の取組み～」というテーマでご講義いただいたのですが、さくらの里山科はまさに、人（高齢者）と動物（犬猫）が幸せに共生しているモデルであるとの確信のもと、若山氏にご講義を依頼したのです。

　有史以来、人は動物なしでは生きていけない存在です。人間の目から見た動物の分類として、とくに人間の管理下に置かれている動物を、私たちは家庭動物、産業動物、展示動物、実験動物と区分していますが、人間の癒やしや食料、娯楽・種の保存、医学・医療などの発展のため、といった目的で、動物はつねに人間に利用されてきました。これはこれでひとつの「共生」の姿であるのかもしれませんが、私にはつねに腑に落ちないことがありました。「人間は動物たちから様々な形で恩恵を受けているが、その逆はどうなのだろうか」と。動物も人間から恩恵を受ける関係性というのはあり得るのでしょうか——。

　比較的新しい学問分野に「人と動物の関係学」というものがあります。人と動物のかかわり合いにおける「接点」に焦点を当て、教育、動物愛護、獣医学、医療、行政、人間の福祉、環境、公衆衛生などの様々な分野の専門家たちが人と動物の相互作用に関する研究を行っています。[※] そうした研究のなかで、高齢者とペットの関係についても調査が行われていますが、そこから見えてきているのは、高齢者はペットと生活することで、「心理面」「身体面」「社会面」において多くのメリットがある、ということです。このことは、本著のストーリーからもたくさん読み取れるのではないかと思います。これは、「人間が動物から恩恵を受けている」関係性ともいえるでしょう。一方、本著では、保健所で殺処分予定だったところを保護され、その後、さくらの里山科で天真爛漫に生きている犬、独居高齢者が急逝し、自宅に取り残されていたところを保護され、その後は同施設で「とろけそうに幸せそうな顔」をしながら余生を送っている高齢猫など、動物（犬や猫）が幸せそうに暮らしている姿もたくさん描かれています。もしかすると、これは「動物が人間から恩恵を受けている」関係性かもしれません。ここに、私がずっと腑に落ちずにいたことへの回答があるような気がしています。

さくらの里山科で暮らす人（高齢者）と動物（犬猫）のあいだには、愛情・絆・共に過ごすかけがえのない時間といった、目には見えない、でも、生きていくうえでとても大切なことが満ち溢れています。これこそが、さくらの里山科が「人と動物が幸せに共生するモデル」たる所以であるように、私は思います。

※参考文献『愛玩動物飼養管理士テキスト2級第1巻』

◉寄稿　入交眞巳《いりまじりまみ》　獣医師　Ph.D.（博士）米国獣医行動学専門医、どうぶつの総合病院 行動診療科 獣医師、北里大学 獣医学部 客員教授

犬が人の死の予測をできるのか、ということを科学的に調べている論文は見たことがないので、私としては科学的にはわからない、としか言えません。「がんを見つける犬」についてはよく聞かれますが、その場合は「がん細胞から出るとされる特定のにおいをおしっこから嗅いでいるようだ」ということです。

しかし、人間の死にまつわることは、まったくわかりません。そのようなことを科学的に調べた実績がなにもないのです。科学的根拠のない予想を述べるのなら、老人ホームという特殊な環境で、何日も食べられないような状態が続いた場合に、出てくるにおいを犬が学習したのかもしれない、ということでしょうか。

私としては、こんな実話がある、犬がなにを察知できるのか、まだ未知の領域がある。だから人と犬の関係は面白い、と思ってしまいます。

◉カバーデザイン／大塚勤（コンボイン）
◉イラスト／後藤昌枝（入居者）
◉制作／シーロック出版社

看取《みと》り犬《いぬ》・文福《ぶんぷく》の奇跡

2019年 8月5日 初 版第1刷発行
2019年10月1日 第4版第4刷発行

著 者 若山三千彦
発行人 保川敏克
発行所 東邦出版株式会社
〒169-0051
東京都新宿区西早稲田3-30-16
http://www.toho-pub.com
印刷・製本 新灯印刷株式会社
（本文用紙／メヌエットライトC四六判68kg）